GUANGYIN DE GUSHI XILIE
光阴的故事系列

不悔人间走一回

献给那些在苦难中成长的人们

林鸿谦 著

暨南大学出版社
JINAN UNIVERSITY PRESS
中国·广州

图书在版编目（CIP）数据

不悔人间走一回：献给那些在苦难中成长的人们/林鸿谦著．—广州：暨南大学出版社，2017.3
（光阴的故事系列）
ISBN 978－7－5668－2064－8

Ⅰ.①不… Ⅱ.①林… Ⅲ.①林鸿谦—自传 Ⅳ.①K825.34

中国版本图书馆 CIP 数据核字（2017）第 026283 号

不悔人间走一回：献给那些在苦难中成长的人们
BUHUI RENJIAN ZOU YIHUI：XIANGEI NAXIE ZAI KUNAN ZHONG CHENGZHANG DE RENMEN
著　者：林鸿谦

出 版 人：徐义雄
责任编辑：武艳飞
责任校对：黄志波
责任印制：汤慧君　周一丹

出版发行：暨南大学出版社（510630）
电　　话：总编室（8620）85221601
　　　　　营销部（8620）85225284　85228291　85228292（邮购）
传　　真：（8620）85221583（办公室）　85223774（营销部）
网　　址：http://www.jnupress.com　http://press.jnu.edu.cn
排　　版：广州市天河星辰文化发展部照排中心
印　　刷：湛江日报社印刷厂
开　　本：787mm×960mm　1/16
印　　张：10.5
字　　数：150 千
版　　次：2017 年 3 月第 1 版
印　　次：2017 年 3 月第 1 次
定　　价：30.00 元

自　序

中国有个俗训：人生七十不留宿，八十不留吃，九十不留坐。这是因为人到了这个年纪说走就走，别耽误其“寿终正寝”。可是现在不同了，由于生活条件的改善，人的寿命越来越长，耄耋老人满街走的现象十分普遍，我也是其中之一。适逢八十一寿诞，我写了一首《八十一寿闲叙》：“年逾甲子不算老，古稀过后到处跑。耄耋身心仍健壮，米寿茶寿照样好。既老忆及当年少，家徒四壁缺温饱。苦力练就身骨硬，尤喜今日无三高。”诗毕收到老同学诗一首，我以“不悔人间走一回”为题和之：“春风杨柳舞翩跹，前苦后甜皆有因。天下大事有己任，不悔人间走一回。吾辈慎微少惹事，骄阳灯下苦读书。祝福老友功名就，欢声笑语且连珠。”于此有了灵感，我就打算再以“不悔人间走一回”为题来抒写我的人生。

几年前，我写过《我的人生三道茶》（见附录），追忆人生的酸甜苦辣。不过内容比较简单，女儿看了不满足，常叫我再写详细一点。但思忖了很久，仍没有下定决心，也没有勇气，担心自己没有这个能力。现经过良久的思虑，即使赶鸭子上架也要把它写下来，权且当作把芳香留在人间吧。

有人说，有一句说一百句的是文学家，这叫文采；有一句说十句的是教授，这叫学问；有一句说一句的是律师，这叫谨慎；说一句留一句的是外交家，这叫严谨；有十句说一句的是政治家，这叫心计；有一百句说一句的是出家人，这叫玄机。我以前是教经济学的教授，现在已经退休了，不过是按月拿教授级的退休金罢了，谈不上有一句说十句。况且隔行如隔山，在写作方面，我既不是科班出身，也不是半路出家，不懂得什么文采，只能是有一说一，平铺直叙，但愿读者不嫌啰唆就是了。

2016 年 10 月

目录

CONTENTS

1　我的家庭

1933 年 4 月 29 日，我出生于海南加积镇的一个贫苦家庭。可以说，家里上无片瓦，下无立锥之地。早年，父亲林树麟和母亲吴华美靠着租种一个华侨地主的地过活。后来他们又学会了泡豆芽和种菜，日子才有了一点好转。

父亲林树麟，享年 89 岁

母亲吴华美，享年 99 岁

父亲有三个兄弟和一个姐姐。大伯林树汉在年轻的时候帮爷爷做点小工。爷爷林茂麒一生以做毛笔谋生，做好的成品交给大伯拿到加积镇卖掉。大伯年小没长性，又好赌，经常拿卖笔的钱去赌博，而且总是输个精光，狼狈地拿着空米袋回来向爷爷求饶，后果则是大家不得不饿一餐。我家就是这样一餐不接一餐地艰难度日。

未曾谋面的三叔林树椿

三叔林树椿比父亲小几岁，很小的时候就当“卖猪仔”去了马来西亚槟榔屿做苦工，一生都在一个不知名的矿山里开采锡矿。他没有读过书，斗大的字不认得一个，一辈子写信回家都是找别人代笔。他去南洋几十年只回过一次家，而且是办终身大事时才回来的。婚后不久又走了，留下怀了孕的苦命妻子独守空房。几个月后，三婶为他生下一对双胞胎，起奶名叫不金和不鉴，可惜不久之后都夭折了。

三婶也是个苦命人。她是一位黎族姑娘，幼时因为家穷被送给大坡村一户姓许的殷实人家当养女。三婶自小患有中耳炎，耳朵里老是流脓，待年纪渐长后耳朵就彻底聋了。因为她是黎族人，人们就给她起了个不雅的名号，叫做不黎。

三叔婚后重赴南洋，虽然也寄钱回来养家，但由于夫妻两地分居，他又在南洋娶了一个女人。我相信三叔不是陈世美，他也没有资格当陈世美，不过生活所迫罢了。他在南洋再婚后又生了一男两女，男的叫林鸿森。后来，那位南洋婶婶病故，三叔就托村里的走水客荣伯把三婶接去照顾年幼的儿女。可是，三婶的心结一时难以解开，在情感上，很难把兄妹仨当作自己的亲生骨肉，开始时，打骂是家常便饭。但是日久生情，一段时间后一家人开始和和睦睦地过日子了。

三叔对我们也情感深厚。1939 年，日军占领海南岛，我们到处逃难，没有经济来源，三叔就想办法托人带钱回来接济我们。在国家经济困难那几年，他也一桶一桶地寄回咸肉咸蛋。那时我在北京得了浮肿病，父亲又把一部分转寄给我保养身体。1956 年，我考上中国人民大学，写信向他报喜，他就寄给我一块梅花表。这在当时来说也算是奢侈品啊，让我自得了好一阵，跟其他同学在一起的时候经常有人问我几点钟呢。1969 年，我在北京结婚的时候，他也照样送给我妻子一块梅花表。庆幸的是，那时领取国外包裹不需要付关税，只交五角钱手续费就行了，否则我们的负担就大了。

大约是 1965 年，三叔退休了，领了几万元退休金，他来信征求父亲意见："是回国定居，还是留在马来西亚？"父亲答复他："你可以先回来看看，满意就留下，不行就走。"后来三叔考虑到子女都在外面，一个人回来也不是个办法，而且回来看看又要花掉一笔钱，不如就地买房过日子算了。1990 年父亲去世，我写信向三叔报丧，不料，我接到的却是他孙女的回信，说三叔在我去信前一个月过世了。

2013 年 9 月，侄子林尤泮请来禅师为我刚过世的老母亲做禅事，顺便也为三叔招魂，把他引回来落叶归根。体留他乡，魂归故里，也算了却我们后人的一个心愿。

现在回过头来再说说我的大伯。爷爷过世后大伯就在登心岭搭了一个茅寮，开了间小铺，卖一些油盐酱醋、糖果饼干之类的东西，因为小铺子离村子不远，生意还过得去。如果哪家家里缺了什么，就把钱交给孩子，说："你去一趟林铺。"但是这个林铺比起电影里的"林家铺子"差远了，否则我的大伯就不至于穷困潦倒了。那时，我的堂兄林鸿标和林鸿彬也在铺里当帮工。伯母则在家里用竹篾或椰松扭绞绳子。工具很简单，一个带三条槽子的梭子，一座手摇轮子，一手掌梭，一手摇轮，顷刻间三条细绳就绞成了一条韧性很大的粗绳子。在年幼的我看来，这样的活计甚是有趣，于是，我常常帮她掌梭子。当然，这活计虽然看起来简单，但要把一片片竹篾或一扎扎椰松绞成细绳子还得花很多功夫。

大伯于新中国成立前过世，没有听到《解放区的天是明朗的天》的嘹亮歌声，也没有看到优美的腰鼓舞，更没有享受过人民当家做主的幸福生活。我记得他是在新中国成立前夕的春节某一天傍晚走的，当时我们小孩子在院子里玩耍，听到他"啊啊"地呻吟着，进屋一看，他在厅堂的地上打着滚，神情很是痛苦，我赶快跑到菜园里将父亲叫了回来，可惜兄弟俩见面后不久，大伯就去世了。

父亲还有一个姐姐，嫁到下坡村，不过因她去世得比较早，我没有见过，后来姑丈续弦才有了我们的表兄弟。姑丈以木工活谋生，经常来我们家帮忙修理水桶、门窗等。

爷爷遗留下来的祖屋，是一房两厅的屋子。按照俗规，长子享有左厢房，右厢房则属于第三个儿子，父亲是老二，没有分房的份。一旦远在南洋的三叔回来，他就没房子住了。有一天父亲对爷爷说："爹，要是刮一场大台风，我就有钱盖房子了。"原来父亲那时是靠泡豆芽过活，台风一刮，市场上什么菜都没有了，豆芽必将大幅度涨价。当时他正好储存着几缸黑豆，把它泡成豆芽卖，那样就可赚到盖房子的钱了。结果，没过几天狂风暴雨真的来了，到处闹水灾，市场上什么菜都没有，唯有豆芽。父亲白天忙着浇水，卖豆芽；晚上忙着数钱，不久新房子真的就盖起来了。

父亲的兄弟姐妹之间的情谊很深，自己住上新房子后又考虑起弟弟的婚事来。他到处张罗着找亲家，后经人介绍，三叔的对象就落在南屈大坡村。为了提亲，父亲就安排自己的妻子和大嫂捣米做礼果。可是大嫂那边没有提前说好，就由妻子一人捣米。妻子便闹情绪："弟弟又不是你一个人的！"父亲听后生气，打了她一巴掌。结果，她一时想不开，趁父亲去卖豆芽的间隙在房门旮旯上吊自杀了。这就是父亲的原配，她也是个凄凉悲惨的女子，每年清明节我回去都会在她的墓前祈祷："千万别再做傻事了。"

我跟父亲的前妻家虽然没有血缘关系，但外祖母一直待我如自己的亲外孙。我在外祖母家上小学时，得到他们无微不至的关怀，彼此间建立了深厚的感情。以前舅舅、舅妈在世的时候，我回家探亲总要去拜访他们，感谢他们的栽培之恩。现在与我联系最为密切的是舅舅的外孙女莫壮丽。记得她当年考入佛山邮电学校念书时，经常来广州拜访我们。她的母亲，即舅舅的女儿，也是我小时的玩伴，现在时隔几十年，一见面还是那么亲切。2016 年我们全家去三亚旅游时又得到她们的热情款待，盛情难以忘怀。

我的表侄女——三亚市天涯区第一届人大常委会主任莫壮丽

父亲的原配过世后，经姨母和文以昌的母亲介绍，我母亲就过门来嫁给了父亲。母亲是丧夫的寡妇，于是，他们二人结合，我便来到了人间。

自父亲的原配过世，姐姐就被寄养在外婆家。父亲再婚后，外婆就对姐姐说：“你现在有了后妈，回去跟他们一起过吧。”母亲跟姐姐虽然没有血缘关系，但母亲对这个女儿很好，视如己出。我出生后，姐姐无微不至地照顾我，一家人生活得其乐融融。乃至姐姐弥留之际都在说：“我最记挂的就是鸿谦弟弟。”

因为家穷，姐姐的一生很是坎坷。她三岁时，父亲就买了一头小牛犊让她放牧，说：“不茵，好好把牛养大，将来就靠它卖钱办你的嫁妆呢。”新中国成立前夕，姐姐出嫁，果然是卖了那头陪伴她十几年的老牛办嫁妆，从此家里就没有牛耕地了。然而，几个月后海南岛解放了，分田分地分农具，我们和鸿标家合得一头母牛，一直养到公社化。

姐姐是三岁时订的婚约，加上嫁妆微薄，在婆家没有地位，经常挨打挨骂，新中国成立后就解除了婚姻关系，改嫁给同一个大队的王惟贤为妻，生了个女儿，名叫王春燕，生活过得很美满。可终因哮喘病发作，过早被病魔夺走了生命。

我的生母来自村仔村，以前，妇女社会地位低微，没有名字，什么地方来的就将那里的地名再加上一个称呼，母亲刚来时人们都叫她“村仔娘”，生我以后就改称“村仔嫂”，再过几年又叫“村仔婶”，后来年纪大了就叫“村仔婆”。新中国成立后，为了上户口就随便起了一个名字，叫“吴华美”。吴是她的本姓，华美是中华美人吧，也算是个好名字。但是这个名字从来没人叫过，人们只知道她是“村仔婆”。

母亲有两个哥哥和一个姐姐。家里也穷得上顿不接下顿，外公外婆来我家时，母亲总要舀些米给他们带走。

大舅去世得比较早，没有留下后代。后来大舅母改嫁到塔洋镇，但仍与我们继续保持往来，跟母亲就像老姐妹似的，很是亲近。

二舅由于穷困潦倒就去了南洋，跟三叔一样，在家乡娶了一房妻子，在南洋又找了一个老婆，还生了一个儿子，儿子不

晚年时的母亲

到三岁就托人带回来给老家的妻子照管。虽然他到南洋后一去不复返，但逢年过节都寄些钱回来贴补家人。我母亲也会分到一些，总算还有一点儿兄妹情谊吧。

二舅的儿子，也就是我的表兄，名叫吴乾天，小时候我们经常在一起玩耍，算是我小时候的挚友。

父亲的人生是奋斗的一生，经过十几年的惨淡经营，终于有钱赎回被爷爷抵押出去的几块坡地，又买了两块共三分面积的水田。但那是在山丘下面的贫瘠山泉地，长年涌流着泉水，施多少肥都会被冲走。由于长期泡水，土壤很松软，耕牛下去泥水都淹到肚皮，劳作很是辛苦。

我们家坐南向北，是寒门，父亲很信风水，认为我们没有生育男丁就是这个寒门作怪。一直以来都想建一堵围墙挡住北风，但均不能如愿，直到我去暨南大学教书，经济稍为宽裕才帮他实现了这个愿望。

穷人的孩子早当家。孩提时的我已懂得人世间的酸甜苦辣，除用自己幼小的身躯助父母一臂之力外，还下决心苦读诗书，借以改变自己的人生。当时经常听大人说“书中自有黄金屋，书中自有颜如玉”，我不求黄金屋也不求颜如玉，只求将来能过上好日子。纨绔子弟在玩耍，穷人孩子放牛娃。我的人生就是从放牛娃开始的，但我不满足于当一个放牛娃。我长大了要把幸福生活带给生我养我的父母。自小我就立志要学习匡衡，凿壁借光；学习苏秦、孙敬，刺股悬梁。从此定下我的人生方向。

2 童年趣事

有钱人家的孩子，除了不必为衣食住行担忧之外，还可以到处观光游览，会客玩耍，不一而足。穷人的孩子早当家，我很小就要帮父母谋划生计，过着与别人家孩子不一样的生活，对人生也就有了与别的孩子不一样的理解。总而言之，我的童年是迷惘的、彷徨的、惆怅的童年，但同时也是快乐的童年。

记得母亲曾经告诉我，我一出生就对这个世界非常好奇，左看看，右看看，很快就会喊爹喊娘。特别是过周岁生日时（海南人叫“做对岁”）的那天晚上，家里准备了简单的菜肴，因为是晚上，所以要点汽灯照明，由于好奇，在别人给汽灯打气的时候我就伸手去摸灯纱，一下子就把灯纱撞碎了，害得别人又要换上新的。

按照中国人的风俗习惯，做周岁生日时要用米粉做各种形状的寿果摆在厅堂上，其中有文房四宝、农用工具、刀枪剑戟、算盘账簿、锯刨锤凿等，让婴儿抓周，以喻知将来的职业。父母也给我准备了这些东西，我看着这些东西，哪个都想要。“不行不行，只能要一件，最多两件。”大人在喊。大人总是希望我选文房四宝，便把这些东西推到我面前。我拿了一个砚台和一把锤子，砚台属于文房四宝，喻示将来是读书人。那么锤子呢？原来拾起锤子是喻示将来要干工人的活，但此时又有人解释，锤子是拿来装订书本用的，这又和文房四宝连在一起了。

当时父亲又去庙里为我抽签，卜知我将来的人生。签面是“缸里弹琴”。这签似乎怎么解析都可以：一是在缸里能弹什么琴，没出息；二是虽然琴弹得很好，但是在缸里弹没人听得见，没用；三是尽管是在缸里弹琴没人听见，但是天长地久练出真本事，也会留芳于世。于是，我到底会有哪种前途，还是谁都说不清。

长大以后，知道了这些事，觉得很可笑：一辈子的事业前途怎么就由一两件寿果或者一个卜签来决定呢？这更多的是父母对孩子的期盼，期盼儿子成才之情不言而喻。

自会走路以后我就经常跟着姐姐去放牛，她用绳索牵着牛鼻子在前面走，我就跟在牛后面跑。有时走不动了我就坐下来哭，姐姐就抱我坐到牛背上去。再大一点，我们就有了分工：她捡牛草，我放牛。牛草有两种：一种是绿油油的嫩枝嫩叶，用镰刀刈下来就可以了，这种饲料草只在春天或夏天才有。另一种是草根和草梗，到了秋天或冬天就没有了嫩枝嫩叶，只得铲草根和草梗了。草根和草梗铲下来之后，还要拿到池塘里清洗，因为带土的草根和草梗牛是不吃的。冬天的池塘，水冰凉冰凉的，姐姐的手总是冻得通红通红。

冬天里放牛时，母亲怕我受凉，总是炒一些米粒放在我的口袋里，让我时不时拿来嚼一嚼。炒米粒的米是很特别的，那是在割稻时刚收下的谷子，煮裂后晒干所碾出来的米。把这种米放在锅里炒，一阵噼里啪啦的爆响之后，香气四溢，这在当时缺衣少食的年代可谓一道美食。有时没有工夫炒米粒，母亲就给我几文钱买姜糖来吃，说辣味可驱寒暖身。

村子里还有几个放牛的孩子，有时候相约一块儿去放牛，牛吃牛的草，我们玩我们的蹦蹦跳，也算是一件很愉快的事。

但大多数时间都是自己独来独往，那时听了很多闹鬼的事，虽然很吓人，但当别人说起时，总是忍不住又听。当牛跑到墓地特别是新坟旁边吃草时，我都不敢去把它拉回来。后来变得聪明一些，一出门就自始至终骑在牛背上，手里紧紧地拽着牛绳，想去哪里就指挥牛吃到哪里。这是人指挥牛，不是牛引导人。

表兄吴乾天经常来我们家玩，跟我一起放牛。他每次来我都很兴奋，因为有伴了。他比我大几岁，懂的东西比我多，是我小时候的偶像，他经常在灯下用十个手指握拳投影，一会儿是鸟，一会儿是猫，一会儿又变成了狗，真的很好玩。

尤其让我难忘的是，一次我们在放牛时发现了一个鸟窝，小鸟在窝里吱吱地叫。表哥爬上树把鸟窝抱了下来。啊，那是只小八哥！我们高兴地把它带回家。当我们在登心岭放牛的时候，表哥指着西边很远的大山说："那是白石岭，在那白白的石头下面都是黄金，但那里很远，我们去不了，等我们的小八哥长大了就叫它飞过去把金子噙回来。"我憧憬着美好的那一天。从此，我有了一个新的伙伴小八哥，每天都伴随着我去放牛。

小八哥的食物很简单，就是各种小虫子，我们总是抓一些蚂蚱来喂它。有人说："你要让它快长大，就要买瘦肉给它吃。"这，我们哪养得起啊！有一天，我带小八哥去放牛，后面飞来了一个带仔的八哥群，叽叽喳喳地叫，把我的小八哥带走了。小八哥走了，让我哭了好几天。几十年后，回家乡拜访老同学文以昌，一进他家门，就听到他家的八哥向我打招呼："你好。"这又勾起几十年前的往事，不胜感慨。

前面提到闹鬼的事，儿时的乡下，娱乐活动贫乏，鬼故事便成了茶余饭后大家闲聊的主题，惊险又刺激。一天早晨，大伯母在院子里呱啦呱啦地讲个不停："昨晚那个妖精又带人来房里睡了，搞得我一晚都没睡好，满屋子腥膻味。"大伯母讲得绘声绘色，很是恐怖。这大概是她的梦幻吧，触景生情，这也在一定程度上反映了她的心境。

孩童时期，孩子之间闹别扭是很平常的事。受到村里鬼神论的影响，那时我跟村子里的孩子一吵架，就和鸿彬兄一起烧几支香插在墙角，再烧一些冥纸，双手作揖求鬼神降祸于跟我吵架的那个人。现在学了唯物主义，成了无神论者，就感到幼年时期的那些事情实在太可笑了。

抗战时期，国内与南洋的交通被阻断，有一位做南洋走水客生意的堂伯就跟父亲到三亚合伙经营豆芽生意，刚开始还算好，账目清楚，双方相安无事。可是时间久了就出问题了。那位堂伯走过不少地方，见过不少世面，脑袋瓜很灵，但心术不正，骗了父亲不少钱。

那位堂伯还有个侄子，在村子里是个出名的小偷。有一天我家没人，门也没上锁，他就到房里来翻箱倒柜。隔壁的酒婆路过，听到我家有声响，就到窗前探头张望。看见了就对他说："人家家里没人，你在里面做什么?"他不耐烦地回答："不关你事。"父亲知道后把他告到县里，县里抓他去坐监。可是堂伯在县里有人，花了一些钱没几天就把他保了出来。

我家有一棵椰子树。它长得亭亭玉立，很惹人喜欢。同时它又长得很高，人爬不上去，用三根竹竿连起来也够不着椰子，只有等着台风来时把它刮下来，如果没有台风就得等它自己熟透了掉下来。因此，经常观察它的成熟情况便成了我小时候常做的事，如果椰子是带黑的深黄色，就说明已经熟透了，不久就会掉下来。待台风一停我就马上跑到树下面寻找，怕去晚了被别人捡了去。人高招风，树高招雷，最后这棵椰子树被雷击了。此后，这棵树就成了鸟的家，经常有八哥在那上面做窝孵蛋，那么高，恐不会遭受人间的骚扰吧。

3　逃难生活

1937年七七事变后，日本兵于1939年占领海南岛，很快战祸就蔓延到了我的家乡加积镇，从此开启了我夜茫茫路漫漫的人生路。我们家靠近加积镇，为了躲避日本兵，我们全家开始逃难。父母亲领着我和姐姐、妹妹逃到父亲前妻的娘家——桥头村。过了几天，父亲思前想后决定还要继续逃亡，因为桥头村不仅离加积镇不远，而且离公路很近，日本兵随时都会来。

于是，父母亲带着我们逃往南扁的姨母家。父母亲听从外婆的安排，把姐姐留给外婆照顾。妹妹林琼花（琼是海南的简称，取名琼花，其意是指海南的花朵）当时只有一岁多，父亲挑的担子里面一边是她，另一边是我们家所有的家当。当我们走到龙寿洋的时候，遇到一条比较大的水沟，如果要到对岸去就必须跨越一座狭窄、颤巍巍的独木桥，我不敢过桥，父母亲肩上又挑着担子不能抱我。母亲在后面不断地鼓励："不用怕，孩子，趴着爬过去。"于是，我斗着胆子，手脚并用地爬着过了独木桥，这件事情至今记忆犹新，恐是目不识丁的母亲那句"不用怕，孩子……"一直砥砺着我在人生路上不断前行。

南扁的姨母是父亲前妻的姐姐，她有个儿子跟我一般大，大家年纪相仿，玩起来也很开心，后来和我一起到外婆家读书，这是后话。新中国成立后，姨丈病死在南洋，当时母亲还带我去姨母家观看了他的禅事。

姨母家虽然离加积镇比较远，但为了维持一家人的生活，我们还是要搬到可以谋生的地方，最后就到了龙角村。那里有我们林氏的宗亲，刚到时我们住在林氏祠堂，后来就在一个四面是水田的岛上搭个茅寮住了下来。岛上有块坡地，父母就用坡地种番薯来养猪，正是万事开头难，父亲搭猪舍，买猪苗，买饲料，一家人开始新的艰难的生活。在我的世界里，吃恐怕是头等大事，买的饲料大都是毛薯，海南叫甜薯。毛薯煮熟后我就挑有裂口、有黏性的吃，也特别有口感。生活虽然艰难，但在简单的日子里总能轻易地获得一种快乐。

当时，日本兵经常开车在公路上巡逻，从南扁到龙角村要穿过加积镇到海口和加积镇到文昌镇的公路，白天不能走，晚上我又因为有夜盲症看不见路，真是进退两难，只好由母亲边挑东西边拉着我，一步一步地向前走。

在龙角村住下不久，正值秋谷成熟的季节。为了躲避日本兵的枪击，父母亲披星戴月回家割稻子，又趁着夜色把谷子挑回来。那时我得照顾不满两岁的妹妹，她哭我也跟着哭，她喊妈妈我也跟着喊，真是可怜。

日本飞机不分昼夜地狂轰滥炸，真怕父母出什么意外，让我们两个幼小的兄妹成为孤儿。实际上也有这样的事发生，我们村就有一个妇女在回家挖番薯时被打死在地里，遗下跟我一样大的幼儿。当时有三种猜疑：一是日本兵打死的，因为他们怀疑她是抗日部队的侦察兵，以挖番薯为掩护来探听虚实；二是游击队打死的，以为她是汉奸；三是被仇人打死的。最后一种说法很荒唐，她是一个农家妇女，与别人无冤无仇，哪来的仇人。她的丈夫林鸿源，是我父亲孩提时的玩伴，远在南洋，无法照顾丧母的孤儿，只好由他的爷爷和伯父抚养。

过了一阵，留在地里的稻子根冒出了新芽，又茁壮生长起来了。过了几个月，我们的二茬稻成熟了，父母亲又得再次冒险，重复上次的收割行动。

收割完二茬稻后，听说有人回家了，村子里也热闹起来了。见乡亲们平安无事，父母遂带我们回家安居，时间算起来大概是 1940 年农历四五月吧，因为按照海南的节令，晚稻收割期是十月，早稻收割期是四月。

此时我已经七周岁，到了上学的年龄，但我还得在家里干活，按照以前的分工，我放牛，姐姐捡牛草。此外，有时还要到菜地里帮母亲拔草。

况且日本人也不让办中文学校，即使想读书也没地方去。日本侵略者为了驯化“良民”，使他们成为驯服的工具，在加积镇办了两所日文学校，一是在加积北门的加庆小学，一是在大春坡的大春坡小学。1941 年我已八岁，就去加庆小学报名，入学后都是学日本话，唱日本歌，而且有严格的纪律，允许高年级的学生打低年级的学生。没过几天，我就逃学了。我想，上学还不如在家里放牛。日本人看到学生越来越少，就派人下乡抓逃生，一听日本人来了，我就跑到外边躲起来。后来听说大春坡有一所学校招生，我又去报了名。那学校与加庆小学一样，结果我又当了逃生。

在日本侵略者的统治下，很多东西都是配给的，特别是火柴、汽油、煤油和金属制品，像铁钉之类是禁止买卖的。木屐是我们海南人的生活必需品，它是用两块木头刨制而成，屐帮用钉子钉牢。以前屐帮都是用皮带或者胶带做的，现在没有了钉子就改用椰衣做帮子，在木屐前端两侧凿个槽子，再用与槽子一般大小的木塞把椰衣做成的屐帮塞牢就成了别致的木鞋。那时各家各户煮饭后都要留火种，否则下顿饭就难办了。留火种的办法是捂火。我们农家的柴火是烧禾秆，禾秆烧成灰留不住火种，必须在烧火的时候加块木头，当木头烧成炭就用稻草灰盖起来，于是火种就可以保留到第二天。如果哪家火种灭了，就得到别人家里借火。那时没有煤油供应，老百姓就用海棠子油点灯照明，有钱人家甚至用花生油。我经常在放牛的时候到海棠树下捡海棠果，用椰子叶的梗把海棠果的果肉串起来，用火一点就像蜡烛一样，很是明亮。

那时，日本人到处抓民工，拆民房，用来盖兵营，建炮楼。像加积中学，原本是日本人的军营，都是用很好的材料盖建的，这些材料都来自富有人家的各种建筑，久经风雨。1973 年的龙卷风把整个加积镇刮成平地，但加积中学的楼房仍然岿然不动。

在民工中也有我的身影。当时日本人靠建立维持会来统治老百姓，最基层实行保甲制度，民工由保长安排，甲长挨家挨户去落实。轮到我家的时候，我就代表全家出工，多数是去塔洋抬土修路。因为那时的公路是泥土路，雨水一冲就坑坑洼洼的，所以修路多在雨后。一到工地，监工就问："你家大人呢?"我有时说父母亲没有空，有时说他们病了，反正他们又不会逐家逐户来查询。跟我一样，出工的还有很多是小朋友，我就跟他们搭档抬土。铲土的叔叔阿姨见我们小就给很少的土，担心把我们压伤了。出一天工就发一张工票，积累起来拿去买火柴、买布，也算为家里生计尽了一点力。

日军在老百姓面前自视甚高，他们要求老百姓见了他们，要把右手举到眉毛处向他们敬礼，要是碰到什么长官之类的人训话，更要弯腰向他鞠九十度的躬。那时加积镇四周都围着铁丝网，只有通公路的地方开个口子让人们出入。在这个开口处建有炮楼，有驻兵日夜把守，谁要过这个出口都必须向守兵敬礼，否则就会受到诸多刁难。我不想敬礼，一般都趁着守兵背向公路或者回到炮楼的时候才通过，倘若他看得很紧，无空可钻，我就举起右手像打蚊子一样拍一下右脸，然后大摇大摆地走过去。

1945 年日本投降。从此，我们便不再向他们敬礼了，再往后就再也看不到日本兵，但是日本兵的凶恶形象永远印在我脑子里，抹不掉。

4　求学之路

明代教育家陆士仪说过：“凡人有记性，有悟性。十五以前，物欲未染，知识未开，则多记性，少悟性；十五以后，知识既开，物欲渐染，则多悟性，少记性。故人凡有所当读书，皆当自十五以前使之读熟。”据专家研究，幼儿接触汉字的时间越早，其日后的阅读能力、理解能力和应用能力就会越强。以国学大师张孝纯先生为例，他从三岁起接受严格的传统教育，五岁时已经背过“三百千”和《古唐诗合解》中的全部绝句，十三岁学完四书和《诗经》，并全部能背诵，此后又开始更广泛的涉猎。(《广州日报》2014年5月14日) 在当时的战乱环境下，许多和我一样的儿童都错过了知识开蒙的黄金时段。

直至1943年，我已十岁，独立能力较强，父亲就安排我到离加积镇较远的龙村小学开蒙，村子里与我一块儿去的还有堂弟林鸿范。

那间学校离我们家比较远，而且中间又隔着一大片农田，每当刮风下雨时，走起路来很是辛苦。那时的田埂很狭窄，一不留神就会滑到田里弄得满身泥泞。

启蒙的课文很有意思。记得有一篇讲一个老伯，打一瓶酱油回家，看到墙上有一个钉子，就把油瓶挂上去，“乓”的一声瓶子掉在地上打碎了。啊！原来是一只翘着尾巴的蜻蜓。过了一阵，老伯以为那只蜻蜓又出现在墙上，便很气愤地走过去用力一打，“啊”的一声：“痛死了！”原来这是一只铁钉。老师在讲述这节课的时候用纸折了一只蜻蜓和一只铁钉贴在墙上，手里拿着瓶子，模仿那位老伯的动作，很是形象，至今我记忆颇深。

父亲为了让我学习一些传统的东西，就安排我到其前妻的娘家，拜名中医兼国学老师何君圣为师。何老师用的教材是《明心宝鉴》和一些古文之类的书籍，向学生灌输格物、致知、诚意、正心、修身、齐家、治国、平天下等待人、接物、处世的一些道理。

那时外婆家的男人们都去了三亚做生意，留守在家的都是妇女儿童。跟我一起读书的还有南扁姨母的儿子李海芳和外婆家的表弟、表侄等等。外婆对我们特别照顾，在煮番薯米粥的时候都是先下米，当米煮熟了用勺子把米粒捞起来，这就是米饭；然后把番薯粒倒进去，番薯熟了，米粒也烂糊了，这就是番薯粥。我们读书童吃米饭，舅妈、表嫂、表姐们吃番薯粥。当我长大以后，懂事了，一直都感到很愧对她们。

抗战胜利后，我们朝标村复办小学，我就回到家乡读书，那是1945年的夏天。语文老师陈珍珊用的是民国时期的课本，也教一些古文；算术老师洪德浩，基本是教一些加减乘除之类的东西。因为朝标小学是初级小学，为了升初中，我就报名参加加积镇小学六年级插班考试，结果如愿以偿。当时父亲在三亚做豆芽生意，我就高高兴兴地写信向他报喜。那是我人生的第一封信，和父亲一起做生意的舅父看了亦多加赞赏，说我是读书的料，将来会有出息，并写回信给予鼓励。

在语文课本里经常有些拟人的课文，比如有一课是讲蒲公英的，蒲公英的种子借着花絮随风飘扬，飞到哪里就在哪里发芽、生根、成长，不问土地是否肥沃，人也是这样。老师布置每位同学写一篇自选题目的拟人作文。有的同学写《我是一只小鸟》，飞啊飞啊，自由自在地在蓝天翱翔；有的写《我是一棵椰子树》，高高地耸立在大地上；有的写《我是一只白鹭》，高高地站立在鸡群中，得到人们的赞扬。我写的是《我是大鸿雁》，走南闯北、四海为家。老师批改时给了我这样的评语："不要好高骛远。"可能他是看不起我们这些穷孩子吧。当我看到头顶上飞来一列人字形的雁群时，总是感慨万千，我的鸿雁来了，什么时候才有人带领我搏击长空，这个人又是谁呢？啊！新中国成立了，我的领头人就是共产党，他领着我飞上蓝天，走南闯北，让我在武汉待过，也在北京住过一段时间，最后来到广州落户。

算术老师是我的老同学王绍烨的爸爸王业桂，他讲课很有趣，把呆板而枯燥的数字关系都讲活了，使学生有了学习的兴趣。当时有一道很热门的鸡兔同笼算术题，说的是一个笼子里鸡头和兔头加起来是 12 个，鸡脚和兔脚加起来是 32 个，问笼子里有多少只鸡、多少只兔。他把 12 个头都当作是鸡的，2 乘以 12 等于 24 是鸡的脚，在脚的总数 32 里面减去 24，再用 2 来除，最终得兔子数为 4。在这里是用 2 而不是用 4，起先我一直搞不懂。后来上初中学了代数，设 x 为兔，$12-x$ 为鸡，则

$$4x+2(12-x)=32，解之得$$

$$x=\frac{32-2\times 12}{4-2}$$

$$x=4$$

这才豁然明白。但又想，老师为什么不一下子把这个代数的方法教给我们呢？后来上大学的时候读到这样一句名言：搞科学没有平坦的大道可走，只有不怕艰苦，勇敢地在崎岖的小路上攀登的人才能到达科学的顶峰，到了顶峰一看，大地就是一片平川。此时才算明白，学习科学知识是一个艰苦的过程，要经过由浅入深、由低到高、由少到多的知识积累，幻想用跳跃的

方法到达科学的顶峰是绝对做不到的。

在小升初考试中就有鸡兔同笼这样的算术题，我非常感谢王老师的教导，让我的算术取得了很好的成绩。

1948 年夏季我考上了琼东师范学校附中（即初中部）。读中学伊始，最难的课程是英语。因为是启蒙课，一切都是新的，老师是一位刚从新加坡回来的华侨。第一课的课文为：

This is a book,
This is a pen,
This is a pencil.

因为没学过音标，怕下课后忘了读音我就自作聪明地用汉语标注：

弟思一思阿伯，
弟思一思阿平，
弟思一思阿平手。

老师一看哈哈大笑，以后就教我们使用音标，不过那是韦妥玛音标，简称韦氏音标。韦氏音标很难掌握，直到我在广东省纺织品进出口公司工作时参加业余英语学习班才学了国际音标。

这个时期最让我敬佩的老师是王芳园。他是一个盲人，需要拄着拐杖探路，我们经常去他房里带他来课室，下课后又送他回房间。数理化他都教，而且对课程内容倒背如流，滔滔不绝，信手拈来，板书画图，一笔是一笔，从不重叠。做化学实验时，他就叫同学帮忙，在量杯里倒多少硫酸、盐酸之类，数量把握得十分准确。

王老师讲课也很有趣味。当讲到物质密度的时候，他先讲一个故事，说有一个人得到国王的恩典，要他量一量皇冠的体积有多大。但皇冠是用黄金做的，不能融化，融化了就不是皇冠了。哪个同学有办法量呢？此时课堂上鸦雀无声，没有一个同学能回答出来。老师继续讲，说那个人也想了很久，实在想不出什么好的办法，干脆跳到浴池里洗个澡再说。哎呀，这一跳下去池子里的水就涨起来了。通过这个现象他联想到人进入水里水位就提高，提高的这部分不就是人的体积吗？于是他就用这种方法量得了皇冠的体积。然后他又把皇冠的重量除以皇冠的体积，得出了黄金的密度。这个人就是阿基米德，人们就把他的发现称作阿基米德原理。为了加深同学们的理解，他又举例子，石头掉到水里为什么会沉下去，而鸡毛掉到水里却会浮起来；在海里游泳为什么比在河里容易浮在水面等等。

后来我读到曹冲称象的故事，说的是有人送了一头大象给曹操，曹操让大臣们想办法去称一下大象有多重，因为那时没有大的磅秤，称象无疑是个难题。这时，曹操六岁的儿子曹冲想，把象拉到船上，在船的吃水线处画一道横线，把象拉上岸后，又把石头挑到船上，当船沉到象的吃水线时，就称石头的重量，这不就是大象的重量了吗？年仅六岁的曹冲利用漂浮在水面上的物体的重力等于水对物体的浮力这一物理原理，解决了一个连许多有学问的成年人都一筹莫展的大难题，这是一个奇迹。

由于要学习的功课很多，每门课都留有作业，还要上晚自习，老师巡回辅导，因此我必须住校。由于经济的原因，早餐饿肚子，中餐和晚餐回家解决。从家里走到学校有 20 分钟的路程，走路是最好的运动，一天走两个来回 80 分钟，也算是很好的锻炼了。但问题是父母亲经常在地里干活到很晚才回家，我得急急忙忙煮饭，趁热吃了赶路。晚上经过登心岭墓地的感觉是十分恐怖的，而且那里是枪毙犯人的地方。人死了没有人收尸，总要在那里停留几天。为了壮胆我就买了一把口琴来吹，吹得最熟的是《满江红》。我的口琴吹得好就是从这时开始的。

就在我充满强烈的求知欲的时候，父亲征求我的意见，由于家庭经济困难，是不是休学一年再说。那是1949年的夏天，当时办了姐姐的婚嫁喜事，耕牛卖了，钱也花了，母亲又怀了弟弟，再加上天气不好，稻田都旱得龟裂了，收成不好，35元的学费的确交不起。我很体谅父亲的难处，但又想“三年荒进士”，一休学荒疏了功课，以后的学业是很难跟上去的。后来父亲去找了校长，看有没有可通融的办法。校长周德鎏是我们村子里王琪永的女婿，看在老丈人的面上，又经我爸的苦苦诉求，终于答应让我先欠着学费办理注册，以后还清。

入学不久的一个星期六夜里，村里的王祚祥带着党的地下工作者到我家来宣传成立民主政府的事，我在房子里边睡边偷偷地听着，心里很高兴，人民要当家做主了。那时国民党政府已搬到广州，上地理课时彭修成同学经常问那位地理老师：“海南局势怎样?”他总是那句话：“固若金汤。”他是刚刚从大陆过来的，还动员同学们去台湾读书，说那里读书是免费的，因此同学们都猜测他一定有政治背景，就跟他斗心眼儿。的确不出所料，新中国成立后他就被枪毙了。

有一天，我走在上学的路上，看见国军像蚂蚁搬家似的往三亚跑，垂头丧气，我不敢靠近他们，怕被抓去当挑夫。过了一阵子，后面跟来一辆辆敞篷汽车，车厢前面架着机关枪，后面站着雄赳赳的兵士，那是解放军。解放军一到，国军就把枪支弹药丢弃在路边，赤手空拳地往回走，不鸣一枪一炮。这就是解放加积镇甚至海南大部分地区时的情景。

新中国成立不久，我收到了一封信，信的抬头写着“林鸿谦同学收”，落款是“琼东师范学校军管会”，打开一看真高兴。上面写着希望我回校复课，学费免交，如果家庭经济困难，可以申请人民助学金。复学后我交了一份申请表和一张乡农会的证明，很快就批下来了，我得到了甲等助学金，每个月12.5元。从此，我终于可以无忧无虑地上学了。此后念高中、大学都是靠人民助学金过来的。没有共产党就没有我的今天，当我唱着《没有共产党就没有新中国》的时候，总想加一句：“没有新中国就没有我的幸福生活。”

此外，我利用一些课余时间积极参加减租减息以及后来的土地改革运动，在村子里的老大哥文以明的带领下做了一些宣传鼓动工作。

在文以明的带领下，朝标村成立了一支乐队，陈可琼当乐队指挥，有敲锣打鼓的，有拉二胡的，有弹琴瑟的，有吹笛子的，我就吹我的口琴。那时村里的婚嫁喜事都请我们去演奏，好不热闹。后来南洋华侨筹款购买西洋乐器赠给乐队，算是鸟枪换炮，一代接着一代，一直延续到今天，我的侄子结婚时也请他们来助兴。

富人有富人的天堂，穷人有穷人的伙伴。我小时候就在村子里有两个非常要好的朋友，一个叫符明树，一个叫文以昌。前者父亲早亡，后者父亲远渡重洋，留下孤儿寡母相依为命。我们三人都出于寒门人家，意趣相投，考入广东省加积中学高中部后更是形影不离，在学习上切磋琢磨，在生活上互相照顾，被人们誉为“松竹梅岁寒三友”，我们自谦为“三绞藤”，谁都离不开谁。明树兄家的屋后长有荔枝、龙眼、杨桃和黄皮等果树，果子成熟的季节我们都到他家去尝鲜。以昌家靠近河溪，当河流处于枯水期，我们就相约晚上到河里抓鱼。抓鱼的方法很简单，但很见效。工具是一盏汽灯、两个渔罩。我的罩鱼技术显然不行，老是放生，明明看到鱼向我游来，可当我一落罩，鱼就溜了。于此，每次罩鱼我总是掌灯，由两位兄长把罩。说来也怪，一般怕人的动物都是往暗处逃，而鱼则偏往明处游，一看见灯光就向我们冲来。从小溪流入万泉河口处逆流而上，一直照到加浪口，个把钟头就抓了半桶鱼，足够我们美餐一顿。可惜那时没有冰箱，抓得再多也白搭。明树兄大我好多岁，已于前几年过世。“三绞藤”只剩下我和以昌兄“两绞”了。2002 年阴历六月初四是以昌兄摆七十寿宴，我写了一首诗祝贺：

文兄古稀怀感

——记文以昌兄七十寿宴

文兄时值古来稀，
以今七十不足奇。
昌隆盛世多百岁，
兄寿赛过双甲子。
寿长福厚禄逐高，
比翼鸟寰宇逍遥。
南来北往寒窗友，
山墙叙旧又说笑。

把诗的每一句第一个字连起来就是“文以昌兄寿比南山”。

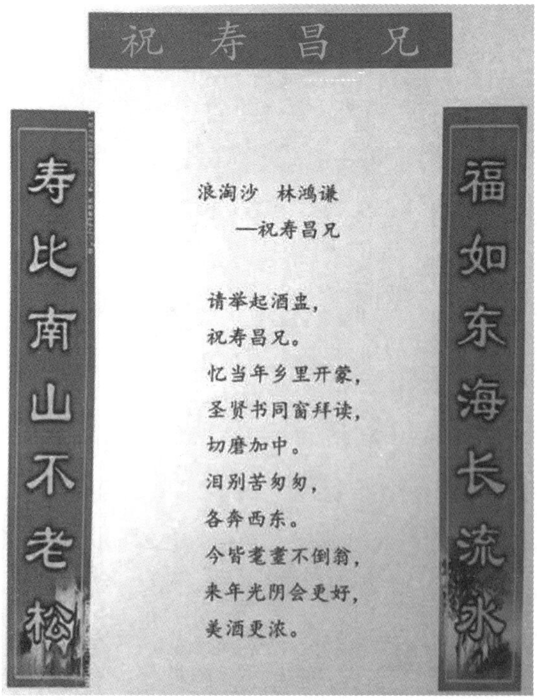

在读初中时我就对政治时事很关心，尤其是关于抗美援朝的一些新闻报道，我都会把它们背下来，这对我考高中很有帮助。当时加积中学入学考试的作文题目就涉及这方面的内容，在写作文时脑子里面的东西就自然而然地顺着我的笔尖流淌到纸上，成为我的文稿。

进入新的学习环境，开始学习新的课程，拜识新的老师，结交新的同学，那是 1951 年我在广东省加积中学读书的新起点。在此，除了继续刻苦学习新的课程外，我还积极参加学生会工作，高中二年级时被选为学生会副主席，协助王克钧同学做好学生会的工作。

1952 年，琼东县借用加积中学礼堂举办土地改革展览，我利用课余时间看了几遍。展览内容触动了我，于是我便拿起笔写了一篇痛诉旧社会的观后感寄给海南日报社，文章很快就被发表了，并汇来十六元稿费。但是作者增加了三个人的名字，同样都是我们加中的同学，估计是他们仨也各写了一篇，然后编在一起发表了，每人分得四元。这是我见报的处女作。

我向来学习不偏科，各门功课比较平衡，虽然不是尖子生，也算是中上水平。可就在 1954 年高考前夕突然被告知，当年的高考招生按文理科分类考试，这对我很不利。我原来是想报考理科的，将来做个机械工程师。但父亲建议我报考文科，将来当个律师，好为老百姓申冤。当时报考文科的学生比重比较大，而且国家又动员在职干部报考，在文科方面我并没什么优势，但子从父命，我还是报了北京大学和中南政法学院法律系，结果名落孙山。

5　青春萌动

以前，男女婚姻都是通过“父母之命，媒妁之言”安排的。在我很小的时候，父母就为我张罗订童子婚，通过媒婆找了几户人家，他们有的还上门来查看我家的家底，但都嫌我家太穷，怕闺女将来过门受苦。我对父亲说：“不要再为我张罗了，让我长大以后自己找。”父亲说：“哪有那么容易！富人三妻六妾的，小时候不订下来，大了还有你的份?”那时的女孩很小就名花有主了，甚至还有指腹为婚的，即两对夫妇同时怀孕就当亲家，将来孩子是异性就结为夫妻，如果都是男孩就作为结拜兄弟，如果都是女孩就结为金兰姐妹。当然，这一般都是亲密朋友之间的契约。

在父母为我寻觅对象的时候，我因为年纪尚小，不懂男女之间的事情，对能不能谈成童子婚约并无所谓。读初中以后有了青春萌动，但对我来说，青年时期的我没有初恋，只有单恋，或者叫暗恋。因为初恋总是双方“你情我愿”。由于家境不好，我很难找到“你情我愿”的对方。不过这样也好，免得长大以后悔婚。那时就有这样的一对，我的一位堂兄，就是前面说的那位走水客荣伯的长子，他高高兴兴地从南洋回来完婚。办喜事的那一天，随着锣鼓声、唢呐声，大花轿过来了，后面跟着很多人抬的嫁妆，新郎很高兴，满脸笑容。经过一拜祖先、二拜高堂、夫妻互拜之后，红盖头一揭开新郎脸色大变，差点昏倒过去。原来新娘又矮又丑又傻。新中国成立后堂兄根据婚姻法退了婚，重新组建了新的家庭。

在登心岭有一间卖小零食的铺子，母女俩在经营，我上学每日都从她们面前走过，一天打四次招呼，她们对我比较有好感。她母亲曾叫人跟我父亲谈起她和我的婚事，但父亲考虑到女孩子的父亲比较风流，染得一身风流病，回家传给妻子，以致女孩子的母亲得病瘫痪这件事。在父亲的心底，这类人及其亲属千万不可靠近。因此，这门婚事，只好作罢。

新中国成立时，村子里的青年兴起文娱体育活动高潮，有打排球的，有打腰鼓的，有扭秧歌的，有唱歌跳舞的，还有演练琼剧的，很是丰富。除了琼剧外，我参加了其他各个项目，特别喜欢唱歌跳舞。当时跳得最热的是鄂伦春舞，我的舞伴是一位小学同学。起跳的时候男女面对面站着，双方左手靠在对方的腰部，右手抬起，两脚随着《鄂伦春》曲翩翩起舞、旋转，随后又左右手对换，改方向旋转，在旋转的时候我的手臂偶尔会碰到她，这会让我乱了舞步，很是尴尬。后来我对她说："我喜欢你。"她也回答得很干脆："我已经订婚了。"后来我到武汉工作，她曾向我父亲要我的通信地址。父亲知道我当时已有女朋友了，就告诉她，说我换了新的工作单位，具体的通信地址他也不清楚。1959 年暑假，我带着已领取结婚证的妻子回家探亲，见到她时听到她的第一句话是："祝你们幸福。"后来才知道，当我到武汉工作的时候，她就退除了婚约。真是有缘千里来相会，无缘对面不相逢。

1950 年荔枝成熟的季节，我和文以昌去大黎村一个同学家品尝荔枝，他的一个堂妹招待我们，很热情，也很大方，我一看就很有好感。回家后我把这个事情告诉父亲，他就找人去说媒。真是穷人多见鬼，媒人回来后说，有人告诉女孩家说我家境清寒。于是，一见钟情也就成了暗恋，最终成了泡影。后来，在放学回家的路上，经过登心岭时我看到路边坐着一排正在休息的挑公粮的女孩子，其中就有我那曾经的暗恋对象，她凝视着我，我也望着她，没打招呼。待下了斜坡我回头看时，她还在眺望着我。这段“情缘”，只有老天爷知道了。

在加积中学读书时有个女同学，是初中生，由于她也热心社会工作，我们在一起的机会比较多，相互之间有好感。当时加积中学的学生每人每个学期交五角钱学生会费，基本用于供应学生的饮用开水。烧开水的事由学生会派同学自己做，那位同学就经常承担这项工作。有一次我跟她一起烧开水的时候，我问她：“你觉得我怎样?”她回答说：“很好啊，学习好，工作又努力。”“嘿，我问的不是这个，我是讲我的人品。”“人品也很好嘛。”在这种青春萌动时期，男女之间的事情很难开口，总是拐弯抹角地用一些暗示的方法提问对方，这就往往会引起很多误解。

经过那次探问后，我心里老是七上八下的，她为什么总是没有回答明白，难道我问的意思她不清楚？有一天，我鼓起勇气问她：“你喜欢我吗?”“喜欢。”“那我们做朋友吧。”“我们已经是朋友了。”“我说的是男女朋友。”“你是男生，我是女生，就是男女朋友啊。”我索性直截了当地说：“那你愿意嫁给我了?”一下子搞得她满脸通红，以后见面总是颇不自在。此后我才明白：男女之间的表白应该是含而不露、慢慢发展的。

当时我们班有个女同学，人长得很秀气，平常大家有说有笑，但是谁都不敢追她，这就显出她的高贵。因为她父亲是开米铺的，有钱人家的闺女谁都不敢高攀，即使我喜欢她也只能暗恋。高考时她也名落孙山，与我同病相怜。我到武汉工作的时候，她去大连探望她的叔叔，并从那里寄给我一封信，表示对我的关心，但此时我已有了心上人，就没有回复她。

那时我正在看《钢铁是怎样炼成的》，当我读到保尔·柯察金和冬妮娅的热恋时，就曾经联想到她。我虽然不是保尔式的人物，但我可以把她当作冬妮娅。保尔和冬妮娅虽然没有终成眷属，但他们毕竟拥有过一段美好的爱情。而我呢，拥有的只是暗恋。现在知道保尔·柯察金的人大概不多了。在20世纪90年代，我为了找保尔关于“人的生命只有一次”的那句名言，曾到图书馆问一位年轻的管理员：“《钢铁是怎样炼成的》摆在哪里？”她指着书架说：“在那边的技术书架上。”我不禁感慨万千。

有一年我们班的老同学聚会。当大家回忆往事的时候，我就开玩笑地说：“大姐，我们班有五十多个同学你不找，偏去找一个文昌仔。”她当即把话柄推给大家：“你们都没有人追我啊！”我也把话把儿推给她：“你是一朵黑玫瑰，你不开口，谁敢开口啊。”

6　步入社会

高考落榜后，我不甘心就这样低沉下去，打算再拼死拼活苦读一年，不信大学就不给我开门，父亲也很支持，倾家荡产也要供我复读到次年高考。广州的教育水平比较高，我就单枪匹马闯来广州。但是，根据我的经济条件在广州复读谈何容易，住几天后实在支撑不了了，就打算去找份工作。按照当时的政策，居住自由，不受户口限制，只要不挑剔，找份工作并不难，因为各个部门都人手不足，高中以上的知识青年又很少。当我正在考虑接收单位的时候，收到了陈可兴同学的来信，说武汉市录用我到那里参加工作，并附来录用通知书，我高高兴兴地迈上人生的新里程。

当时武汉市人事局在海南一共录用四十名高考落榜生，说是建设社会主义新武汉的需要。的确是这样，当时武汉是中共中央中南分局所在地，是中南地区政治、经济、文化中心，借助长江和京广铁路成为东西南北的交通枢纽。坐上开往武汉的火车后，我们四十个同学高兴得不得了，把所有会唱的革命歌曲都唱了一遍，精力真旺盛。

到了武汉，我们就住进武汉市工会干部学校，接受组织的培训。我们的辅导员叫胡福田，虽然我们才相处两个多月，但彼此印象很深，后来我在档案里都写着他是我参加工作的证明人。

一到干校，干校就免费发给我们每人一套棉衣棉裤。我感到很新鲜，因为从来没见过，更没穿过，我们高高兴兴地穿上，照了一张集体相，作为永生不忘的留影。

1954 年，海南同学参加武汉社会主义建设前夕合影留念

（中右五为作者，前左三为妻子王学竹）

赴汉参加社会主义建设的海南小伙伴合影留念

（后排中间为作者，前排右一为妻子王学竹）

学习结束后，我被分配到武汉市纺织团委工作，主要任务是下到各个棉纺织厂了解青年工作情况，回来向领导汇报，以便采取措施，做好整个纺织系统的青年工作。

在海南赴汉工作的四十名同学中，王学竹是唯一的一位女同学，她被分在开明机械厂工作。不管是工作单位还是宿舍都离我很近，为了缓解思乡之情我们经常在一起，有时三五个，有时就我们两人。日子长了我便对她有了好感，几次想向她表白，但老记着以前的经验教训，怕尴尬的场面再次出现。我写的情书已经在口袋里放了几天，几次想拿出来交给她，但总是不由自主地把手缩了回去。有一天王学竹打电话来找我，接电话的是我们的团委书记张靖琳同志，张书记喊起来："小林，你的女朋友找你。"她的喊话带着开玩笑性质。其实拉近男女之间的关系也是领导的一项工作，现在既然有了这个机会，为什么不顺水推舟呢？晚上在送王学竹回宿舍的路上我把这个事情告诉她，想听听她的意思。"是吗！那你怎么表示呢?""我默认了。""你真鬼。"机会来了，我赶紧从口袋里拿出那张放了几天的情书交给她。其实也不算是什么情书，内容只有简单的两句话："你真好。你爱我吗?"她看了以后就紧紧地拉着我的手，踉跄地朝着她的宿舍方向走。这就是表示同意了，因为当时只有情侣才会手拉手逛街的。到了宿舍门口，我们恋恋不舍地分开。当晚我很激动，久久不能入睡。

1955 年春节过后，领导安排我住在武昌的国棉一厂，在那里跟工人一起生活，了解纺织厂的基本情况。在此期间，我走遍了粗纺车间、细纺车间、织布车间和印染车间。当时在纺织厂工作的大多数是青年女工，为了帮助她们建立家庭，纺织厂经常和钢铁厂、机械厂、锅炉厂举办联厂舞会。我作为纺织系统的新兵，跟她们混熟后就无话不聊，几个团支部书记都很关心我的婚事，问女朋友在哪里工作。没过多久单位就打电话来叫我回去，说纺织局建制要撤销，纺织团委将不存在了，所有干部得重新安排工作。于是我就到了中共武汉市委宣传部理论处。处长叫金本富，后来才知道他是纺织团委书记张靖琳同志的爱人。真是无巧不成书，我一参加工作就分别在他们夫妇俩麾下奔跑。回头一想，一定是张靖琳同志把我推荐给市委的。她是我的“伯乐”，我非常感谢她。1981 年，那时我已经是暨南大学的一名教师，领导派我去南京大学听美国教授顾寿恩先生的讲座，回程我顺便绕道武汉探访一些老朋友，其中就有张靖琳同志。她还是那么神采奕奕，像过去那样对我问寒问暖，关心着我。我们虽只相处了几个月的时间，但彼此之间的印象很深刻，她还记得为我接的那个电话，问起当年那个女朋友的情况。我也像当年向领导汇报工作那样向她一一作了介绍：我们在中国人民大学读书时结婚，她现在在广东省纺织品进出口公司工作，我们有三个女儿，家庭和睦。她一再祝我们生活幸福。

当时在职干部掀起了学习马克思列宁主义热潮，厅局级和处级干部参加高级班，有马列主义基础即联共（布）党史、哲学和政治经济学三门课程，经常请专家学者作报告。武汉大学校长李达、中南财经学院（现为中南财经政法大学）院长马叙伦等人都来作过报告。我们这些年轻干部除了做专家学者的接来送往工作外，还得去参加会议讨论，因此也要专心听讲，否则就很难理解会议讨论的内容。对我来说，这是一个很好的学习机会。为了工作方便，单位给我配了一辆车，不过是用脚踩的自行车，不管怎么样也算是“有车族”了。“三转一响”（单车、手表、缝纫机、收音机）是当时人们向往的物质生活。拿我来说，如果要自己掏钱买辆单车，即使不吃不喝，也得攒几个月的工资呢。

1955 年全国开展肃反运动，作为党政机关的市委也不例外。我们理论处就揪出一个姓蔡的“小老虎”，说他是漏网的三青团骨干分子，被关起来了。所谓“关”，实际上是把怀疑对象集中在一间房子里吃住，交代自己的问题，接受组织的审查。既然把肃反对象关起来了，就得有人24小时看管，这个任务就由我们这些年轻干部来承担。在值夜班的时候，每人发一些干粮和一块速溶咖啡糖，我就是在那个时候学会喝咖啡的。

此时，我和学竹之间的感情也日益深厚，星期天我们一起去逛街，吃得最多的是鄱阳街的包子、热干面之类，偶尔也吃老通城的豆皮，对我们来说那算是高档消费。至于江汉路的冠生园，那是一家广东饭店，每次从它的门前走过时，我们只能投以羡慕的目光，吞吞口水罢了。

1956年赫鲁晓夫在苏联共产党代表大会上作了秘密报告，借口反个人崇拜，全面否定斯大林，这在世界上反响很大，在中国也引起很大的震动。大家都在议论这个问题，我们的报纸也发表了一些正面文章。市委也组织学习，还请了专家学者作报告。大家都引经据典地阐述自己的观点，引用得最多的是列宁的一句名言：“群众是划分为阶级的……阶级通常是由政党来领导的，政党通常是由最有威信、最有影响、最有经验、被选出担任最重要职务而称为领袖的人们所组成的。”由此就不能把听从领袖的领导和指挥当作个人崇拜，两者不能混为一谈。

当时国内在农村全面实行高级农业合作社，在城市实行全行业公私合营的社会主义改造，呈现出一片欣欣向荣的社会主义建设高潮。理论界也要以此为题材和背景阐述社会主义理论问题，这又是高级干部的学习课题。因此，领导干部的学习任务很重，市委宣传部理论处的工作也因此繁忙起来，我们一般工作人员除了组织干部学习的一些具体工作外，还要看管“老虎”。我们很珍惜这种工作和学习的环境，因为它使我们的政治觉悟和理论水平有了很大的提高。

为了适应形势发展的需要，党和国家号召青年干部报考大学，并给一个月的复习时间。我和学竹也积极加入高考大军的行列中去。为了考得好成绩，我们俩在她的宿舍里一起温习功课，语文、数学、英语都是靠吃老本，在一个月内很难有大的提高，至于历史、地理则采用你问我答、我问你答的方式加深记忆，政治课程就由我辅导她一些热门的时事政治内容。

我们的复习还是很成功的，考试的题目基本都有涉及，没有什么生疏的地方。报名时我分别报了中国人民大学（以下简称“人大”）和北京大学的哲学和政治经济学。当时人大是提前单独招生的，它出的考题居然很合我的口味，比如政治科目就有一个论述题：“谈谈你对个人崇拜的看法。”这是我们政治理论学习时讨论得最多的问题，写起来很是得心应手。又如语文科的作文题目是“我在社会主义高潮中所看到的”，那时我虽然没有下过乡，没到过工厂，没去过公司商店，但我对整个社会是了解的，提笔写作文时就杜撰了一个故事，说中南五省开了一个三级（省级、县级、乡级）干部会议讨论农村经济体制问题，我们的乡长也来了，当他约我见面的时候，我问及家乡的情况。他介绍说，小村子已合并成大村子，小的初级社已合并成大的高级社，本来乡里想让我父亲当乡长，他不干，就让年轻人去负责了（这个故事虽然是杜撰，但也是有根据的，在土地改革时土改队队长曾叫我父亲去当农会会长，他多次拒绝了）。乡长还说，我们村里那位叔叔的店铺也搞成了公私合营，本人成了国家干部，拿国家工资，到处是一片欣欣向荣的景象。作文的最后一句：“这就是在社会主义高潮中我所看到的。”

高考的录取名单在《长江日报》上发表，我终于榜上有名，实现了我的大学梦。我写喜信告诉父亲，父亲又写信告诉在南洋的三叔，三叔就买了一块手表送给我。

由于我提前被人大录取了，就不再参加全国统考。当时流行的三句话对我的影响很大：“北大的名气，清华的校园，人大的分配。”人大办的都是文科专业，毕业生均分配在国家机关、国有企业单位、高等院校。于此，人大对于我还是很有吸引力的。

处里的领导知道我要去人大读书后，就给我讲了他们原来的打算，将来有机会就送我去马列主义学院（即现在的中共中央高级党校）学习，在理论上进一步提高。这是一种比较婉转的留人方法，但去大学进一步读书深造是我的愿望，只能婉拒领导的一番好意。

在离汉赴京的那天晚上，一帮挚友到汉口车站为我们送行。文以昌代表大家讲了一番祝贺的话，然后，一语双关地说："你俩成功了。"这是指：一是高考成功，二是恋爱成功。满载着大家的祝福，随着火车有节奏的"哐当哐当"的声音，我们到了北京，踏上了新的征程。

7　天之骄子

我们在北京前门火车站下了车，就坐上了学校的迎新大客车，校车直接把我们送到校本部铁狮子胡同一号（大家都把它简称为“铁一号”）。当时人大的校区分布在三个地方：铁一号、海运仓、西郊。我们政治经济学系在海运仓，王学竹就读的农业经济学系在西郊。我们原来设想考入同一所大学可以朝夕相处，想不到现在又过起了牛郎织女般的生活。不过与牛郎和织女每年七月初七才会面相比，我们算是很幸运的，起码可以在星期天见见面，只是舟车劳顿而已。不过一不小心坐错车也是一件很麻烦的事。有一次我坐上环城有轨电车，到达平安里站，一下车就急急忙忙跳上另一辆公共汽车，当这辆车到了北京师范大学（当时叫北京师范学院）门口时我才发现坐错了车。原来在平安里站有两条开往颐和园的公交车线路：一条是31 路车，途经八大学院；另一条是32 路车，途经人大。我在急忙中错上了31 路车，只好到了颐和园再换32 路车往回走。这除了浪费宝贵的时间和车费以外，搞不好还会引起对方的误会，以为不守时呢。

大学的学习生活与中学的确不一样，除了在课堂上专心听讲、做好笔记外，还要读很多参考书，理论联系实际地研究一些问题。从一年级到四年级都有政治经济学课程，《资本论》是其中最重要的参考书，结合课程的进度，我翻来覆去地读了好几遍。《资本论》三本一套的定价是八元三角，这在当时来讲是一笔比较大的开支，很多同学都到图书馆借读，虽然借期不限，但要保持书籍的整洁，不能在上面做眉批、写心得体会之类的东西。为了学好《资本论》，把里面的一些名句背熟记牢，我就硬着头皮买了一套，它伴随着我走完大学四年，并一直保存到现在。

天之骄子　糟糠夫妻

我做的课堂笔记很认真，很清晰，用了各种符号来标注，这些符号有些是高年级同学介绍的，有些是自己创造的，凭着这些，基本上把老师讲课的内容都记下来了。1979 年我到暨南大学教书，它对我的备课仍有很大的帮助。

大学的考试也是很特别的。期末考试分为考试科目和考查科目，考试科目的成绩采用五分制：优、良、中、及格、不及格。考查科目只分及格和不及格两种。一般每个学期只安排一两门考试科目，其余均为考查科目。除了一些难以进行口试的科目如俄语、逻辑学采用笔试外，所有理论课都采用口试方式进行，而且很强调理论联系实际，一方面要联系社会现实，另一方面要联系自己的实际。更有趣的是，答题时如果你跟老师有不同的见解，还允许争辩，辩得有理还会提高成绩。有时候答题不够完满，经老师提醒又作了充分的补充，也会得到好的成绩。

1960 年政治经济学的毕业考试，我抽到的考题是“货币是万恶之源”。我从商品的二重性谈到货币的二重性，再从货币谈到资本。商品的使用价值是有限的，而价值是无限的；货币的使用价值是购买商品、支付劳务，是有限的，而它的价值是人类一般劳动（即社会财富）的代表，是无限的；货币转化为资本，同样也有使用价值和价值，它的使用价值是开办工厂、矿山、农场和从事各种商业活动，它的价值是通过使用价值创造更多的财富，带来更多的利润。人们总是想以较少的价值追求更多的价值以满足更多的享受，以较少的资本创造更多的利润。在以货币为主导的社会里，现在流行着“有钱能使鬼推磨”的说法，使人产生一种追求金钱和财富的欲望，形成贪得无厌的人格。马克思在写作《资本论》的时候曾引用《季刊评论员》的一段话说：“像自然据说惧怕真空一样，资本惧怕没有利润或利润过于微小的情况。一有适当的利润，资本就会非常胆壮起来。只要有 10% 的利润，它就会到处被人使用；有 20%，就会活泼起来；有 50%，就会引起积极的冒险；有 100%，就会使人不顾一切法律；有 300%，就会使人不怕犯罪，甚至不怕绞首的危险。”最后，我引用莎士比亚和索福克勒斯关于货币万能的诗句来总结我的答题：

金，黄的，光泽的，宝贵的金；
它曾经使黑的变白，丑的变美；
邪的变正，贱的变贵，老的变少，怯的变勇……

——莎士比亚《雅典的泰门》

在世界流行的罪恶中，
钱是最大的一种，
它破坏城市，把人从家内逐出，
使人迷入不良的教，
正的心向于恶，
使人厚颜无耻，
做各种亵渎神的事情……

——索福克勒斯《安提戈涅》

对于这次答题，主考老师很是满意，在我的记分册上写了个“优等”。

人大是教育与生产劳动相结合的教育方针贯彻得比较好的高等学府，给学生创造了很多生产劳动的条件。例如，我们班就办了一个简易盐酸厂，使用的基本原料是卤水，自己筑起一个炉灶，又买了一套蒸馏冷却设备。在煮卤水的时候，班里同学要轮流值班。我们的盐酸厂当然也赚了一些钱，但因为经常漏气，气味很难闻，怕影响同学们的健康，就把厂关了，改建耐火砖厂。把烧卤水的炉灶拆了，重新建起了砖炉。我们烧砖用的原料耐火土是由学校派车到门头沟那边拉来的，我们跟着去装车、卸车，这虽然是个苦力活，但同学们都争着去干，一般是四五个人一组轮流干。耐火土拉回来以后，还要装上板车拉到砖炉旁边。把车辕的经常是我，因为我的力气最大。但是我的体重比较轻，只有58公斤，当板车前后装得不平衡时，前面太重，我提着车辕就很辛苦，如果后面太重，我又压不住辕子，反倒会把我高高地吊在辕子上。为了压住辕子，当车子装得太重的时候，经常有同学跑到前面来帮我扶辕子，然而当他们将车辕往下压的时候，实际上是增加了我的重量负担，反而适得其反。

此外，打砖也是一种很花力气的活儿。如果力气小，一板一板地打出来的砖坯内部就有气泡，不结实。班里就数我和高峰是打砖能手，因为我们力气大，又舍得用力。

国防教育也是人大教育事业的一大亮点，学校设有国防俱乐部，俱乐部下设摩托车队、射击队、无线电队、跳伞队和航海队，我一进校就报名参加摩托车队，经过自行车的蛇形考试，我被录取了。当全校师生到密云水库劳动的时候，我们摩托车队就到先农坛体育场练习驾驶，因为表现突出，后来我就成了人大摩托车队的教练，同时又学习了摩托车的修理技术。这里也有一个小笑话，北方的冬天由于天气太冷，发动车时经常点不着火，有一次我叫一名同学骑上车抓着车把，另一名同学在后面推。抓车把的同学先踩紧离合器，当车有了一定速度后离合器一放，车就发动起来了。但有时后面推的同学没有配合好，离合器一放车就停下，火自然点不着，那么就由我来做示范。我说："我来吹（推）吧。"（海南口音把"推"说成"吹"）开始大家都没有什么反应，当车的速度很快的时候，我喊了一声："放！"那位同学把离合器一放，车就飞跑开了，我转过头来对那位同学说："你看，我一吹（推），车就跑了。"那位同学笑着说："你真会吹。"弄得大家哈哈大笑，我当时还有点莫名其妙。直到后来有位同学提起此事时说："你吹的气真大，像十二级台风，把车吹走了。"此时我才晓得是怎么回事。

我还加入了射击队，在射击队我的枪法也是不错的。我们都是用小口径步枪，100 米、50 米我都打六七环以上，偶尔也打十环。李忠岳老师（国防俱乐部主任）经常叫我辅导一些刚来的同学。有一位同学连打几枪都脱靶，我就给他做示范动作，要闭着一只眼睛看标尺、准心和靶心，三点一线，憋着气扣动扳机，我摆好了姿势，信心十足地连发几枪后，竟然也脱靶，然后我不好意思地站起来对那位同学说："看看，刚才你就是这样打的。"弄得他有点莫名其妙。我开玩笑地对他说："我的意思是刚才你的打法是对的，跟我一样。但脱靶了，那肯定是枪有问题，不能怪我们……”

人大的教育很强调理论联系实际，鼓励同学做社会调查，多参加社会实践活动。1958 年全国搞起“大跃进”，又掀起人民公社化运动，我们学校全体同学都被下放到北京四季青人民公社，我们经济学系的驻点是东冉村。除了向农民宣传党的方针政策外，还积极地参加各种农业劳动。当时流行一种理论，小麦的根很长，要深翻土地才能大大地提高产量，为此东冉村搞了一块试验田，我就参加了试验田的劳动。不过我们没有按照报纸上说的把地翻到一米多深，而是用发动机拉着双铧犁尽量把麦田刨深一点。传统的做法是用两匹马拉双铧犁，犁头插得太深马拉不动，所以我们就在田头安上发动机，用铁棍固定好，再用钢绳一头绑在犁钩上，另一头绑在发动机的转轮上。一人负责发动机，一人负责扶犁把，机器一开动犁就做工了，基本达到我们的目的。土地是深翻了，但产量并没有想象的那么好。

体育活动也是我们日常生活的重要内容。除了前面讲的国防体育运动外，我按照劳卫制二级标准进行锻炼，所有项目都达到国家规定的标准。此外，我还特别坚持长跑运动，几乎每天早上都围着大操场跑十几圈，有时甚至从学校跑到白石桥，再从白石桥跑回学校。足球、篮球、排球都玩，不求精通，主要以健体强身为目的。

在大学校园里，学竹是我唯一的亲人，但我俩生病时都没有在彼此身边照顾。1956 年底我得了流行性感冒，和十几位病友被隔离在一个教室里，怕她看到我的丑相就没通知她。过后她知道了，总怪我没有写信告诉她（当时我在海运仓，她在西郊）。有一年她患上了腮腺炎，被隔离在教工宿舍区的一个空房子里，当我到她的宿舍找她时，她的同学李兰英才告诉我她病了。此时又轮到我责怪她：“为什么不说一声？”她说这搞不好将来可能会没有生育能力的。“我不管，只要我们俩在一起就行了。”除此之外，就再也没有需要双方互相关照的事情了。

1959 年暑假快到了，我想念起家乡的父母来，整整五年没见过面，十分想回家一趟。要回去得两个人一起走，因为经过五年多的相守，我们之间的感情已经日趋深厚。为了旅途方便，也为了到家好向父母和她的家人交代，我们便于 7 月 31 日到海淀区办理结婚登记。当时不兴什么结婚典礼，只花 5 元买了两包糖交给各自的班长，说我们俩请大家吃糖，第二天就高高兴兴地踏上回家之路。已经走上工作岗位的同学，如王克钧、唐敏雄、陈仕琼等，知道我们要回家，都纷纷在经济上给予支持，我一直记在心里。

高中同窗好友同读北京高校（后排左五为作者）

到家后为了避免铺张浪费，我们一再声明：我们已经在北京举办了结婚典礼。家里人都知道，结婚典礼不能办两次，这样不吉利。这就省了一笔很大的开支。但不管怎样，父亲还是张罗了一席，宴请至亲好友，他一高兴，把我在北京花 6.5 元买的一瓶同仁堂虎骨酒也拿来待客了，这是专门为他养身体用的啊。到了我内人的家也免不了一番热情的款待，我与她的母亲、哥嫂、叔伯兄弟都是第一次见面，有些腼腆，话语不多。

转眼就到了毕业时间。当时大学毕业生都由国家按计划分配工作，学生按国家计划填报志愿。大家的觉悟都很高，都愿意到最艰苦的地方工作，都写上“国家的需要就是我的志愿，党指向哪里我就走到哪里”的豪言壮语。我填的志愿是新疆，但农业经济学系没有新疆的分配指标，就把我们留在了北京，我到北京国际关系学院（即外交学院），她到北京中阿人民友好公社（即原来的北京东郊农场）。

8　短暂的教书体验

做一名优秀的外交家是很令人向往的，虽然我不能成为一名外交家，但是在外交战线上我也可以发挥一定的作用，这让我颇感自豪。1960 年秋大学毕业后，我被分配在北京国际关系学院任教，报到后被安排在马列主义教研室政治经济学教学组从事政治经济学的教学工作。作为一名新教师，刚开始时，并没有给我安排具体的教学任务，只是陪着学生一起听老教师的课，然后做一些辅导或答疑的工作。

我想，中国的外交官首先要在思想和政治上严格要求自己，除了立场要坚定，还必须用马列主义来武装自己的头脑。因此，政治经济学是一门特别重要的课程。在承担教学辅导任务的时候，教研室领导叫我搜集美国一家大的垄断企业——洛克菲勒家族的资料，向学生们介绍他们是怎样起家的，又是怎样发展成为垄断企业的。我在大课堂上向学生们讲了两节课，详细介绍了洛克菲勒家族的情况，围绕其创始人在大风大浪中创业、发展的中心议题，阐明资本原始积累的血腥。同学们听后颇受启发，这也增强了我做好教学工作的信心。

然而没过多久，我就得了一种起因不明的浮肿病，到北京市阜成门医院检查，当值医生是位女同志，她用手指按我的额头，又按我的小腿，结果都凹成一个坑，好久弹不起来，还问了很多关于饮食方面的问题。最后她的结论是营养不良性浮肿。我回校后向领导汇报了情况，学校发现与我患有同样病的人还有一些，遂安排伙房每人每餐多加两汤匙黄豆。

吃了黄豆以后，身体时好时坏，很难根治。幸好我的妻子被分配在北京东郊农场工作，物资还算比较丰富，周末都拿一些牛乳番薯回来给我补充营养。所谓牛乳番薯就是用涮奶桶的第一道水煮熟的番薯，不但吃起来很香，而且营养也很丰富。

不久，中央精简机构，北京国际关系学院直属外交部管辖，属于精简之列。我们这些刚进校不久的年轻教师就成了精简的对象。当时领导找我谈话，组织上要重新安排我的工作，到地方去，有两个条件由我选：工作的专业性质由我选，到哪个省由组织安排；到哪个省由我选，工作的专业性质由组织安排。我选择了后者，遂到广东省委组织部报到。

9　国际商品市场的侦察兵

组织上考虑到我的妻子已有身孕，一人留在北京很困难，遂对我们夫妇二人均作了细致安排。为此非常感谢组织对我们的关怀和照顾。

1962 年初春，我们来到广东省委组织部报到。负责接待的同志说，打算把我分到省工交干校任教，但其时该校负责人恰好不在，叫我过几天再来拿介绍信。过了几天我去拿介绍信，组织部的同志又改口说："省工交干校也精简机构，打算把你转到广东省外贸局安排工作。"我拿着省委组织部的介绍信来到在沙面的外贸局人事处，处长就打电话叫广东省纺织品进出口公司（前身是广东省丝绸公司）的人事科科长刘学义同志把我带回公司，安排在计划商情科做国际商品市场行情调研工作。

我妻子被安排在省纺织品进出口公司做财务工作。她的编制和人事关系都到了公司，可是还没有上班，产期就已经到了。当时正值春节过后不久，我回海南老家准备把母亲接来广州照顾即将分娩的妻子。当时省委临时安排我们住在位于德政南路的省委组织部招待所，一天早晨她独自一人在珠江边散步，肚子有点儿微痛，预感小生命要出来了，便沿着沿江路、六二三路走到市第三人民医院（即现在的广州市中医院），再打电话给公司，公司遂派管富兴同志来帮忙办理入院手续。

我从海南回来后，女儿已经在医院等着我了。我和母亲去看女儿时，小家伙只是睁开眼睛看看，不叫不笑不闹也不哭，过一阵又闭着眼睛睡觉了，看起来好像很累的样子。报户口时我们给她取名叫林一平，意思是第一个孩子是在北京怀上的，希望孩子能够平平安安地长大，也希望将来她还有个弟弟，有儿有女，儿女双全，此外这名字喊起来也响亮啊！与此同时，公司已安排我们住在黄埔大道（现在的东风东路）羊城晚报社斜对面一个单间的房子，厨房、洗手间和盥洗室都是公用的。当时我们从北京带来一个蜂窝煤炉和一个电炉。因为广州没有蜂窝煤供应，做饭时就关起房门使用电炉，白天使用都平安无事，但晚上使用就成问题。有一天晚上我把电炉开关一打开，瞬间整栋楼就漆黑一团了。当时有人来敲我们的房门，问："是不是你们用了电炉?"他们担心用电量超负荷，引起照明电路短路。于是第二天我们就去买煤粉，和好煤浆后再用蜂窝煤印机（从北京带来的）自己造蜂窝煤。用起来的确很方便，整天都有热水供应，把炉门打开就可以做饭，左邻右舍很是羡慕。他们烧的是煤球，经常熄火。

我们住的是一楼，地势比较低，一下大雨就浸水，有时甚至淹到床边，这对坐月子的产妇来说是很糟糕的。她后来的关节炎就是在这种环境下诱发的。

三个月过后，父亲来信叫母亲回去，因为弟弟妹妹都在上学，父亲一个人管不过来，他要放牛、做饭，还要捡牛草。我们都很体谅他的辛苦，遂安排母亲回去。

母亲走后，我们搬到了十三行路豆栏上街，住的是一个小阁楼。楼下住的是韩东绪和祈开寅两户人家。他们的一举一动，我们尽收眼底，很是不好意思。不过我们三户人家相处得很和睦，生活起居各个方面都互相照顾。

母亲是很疼爱孙女的，一天到晚都抱在怀里，这使得女儿产生依赖心理，大人一放下来就哭。母亲走后，我们把女儿带到公司的托婴室，当时没有专人照顾她，她就哭个不停。后来我们不得不每个月花十八元钱请了一个老妪在家里照顾她。但老妪的年龄实在是太大，没多久就回顺德老家安度晚年去了。好在后来，我们请到一个小女孩，当时她只有十五六岁，我们相互之间真心以待。后来在“文化大革命”期间，曾有人煽动她写我们的大字报，说我们怎样怎样虐待她，均被她拒绝了。人与人之间的感情也是相互的，平时我们待她好，到我们遇难时她也没有落井下石。为了哺乳方便，当我们上班时，她就将我们的女儿带来托婴室照管。女儿三周岁进了沙面幼儿园，她就进入公司的托婴室参加工作了。

我的工作主要是研读报纸和相关资料，旁听商业洽谈，密切关注世界经济动态、贸易情况、政局动向以及纺织品、棉织品、丝绸及其制品、服装等商品的市场情况，定期写简报，向公司领导汇报，向有关业务同志通气，向总公司报送，并与其他兄弟公司交流。由于情况反映及时，分析中肯，得到公司领导的一致好评，也得到总公司的表扬：“在各省市分公司的市场行情工作中，粤纺由于领导的重视，工作是做得比较好的。”因此，在总公司每年召开一次的行情研究会上，我们常被叫去介绍经验。

1963 年春节前夕，公司开大会总结 1962 年的工作，表彰先进单位和个人。我得了一等奖，奖金三十元，这相当于我半个月的工资啊！这对我的鼓舞很大，激励我以后把工作做得更好。

每年春秋两届的广州交易会和上海服装交易会我都应邀参加，在参加贸易洽谈时认识了一些国外和我国港澳地区的朋友。当时西方发达国家大多数尚未与中国建交，在贸易上也采取歧视政策，与他们的贸易一般是采取迂回的所谓“转口贸易”方式进行，转口港有我国港澳地区及新加坡。为了便于货物顺利进入西方国家，常采用中性包装，即在商品标示上不标“中国制造”的字样，甚至有些转口商在货物到达转口港后，在产品标示和包装上改头换面，加上当地名称作为当地产品出口，例如香港商人就在产品上贴着“香港制造”的标签，新加坡商人则加上“新加坡制造”的标签。堂堂一个中国不能光明正大地在自己的产品上写上自己的名字，真是无奈。当时有一个姓林的港商，原是旅居印度尼西亚的一名教师，是在印度尼西亚反华时中国派船把他接回来的，他决定留在香港定居，后来成为商人，经营各种转口贸易。我们也在贸易条件上给予他特别照顾：货到90天后再付款，这极大地减少了他做生意的成本。有了这种关系，他对祖国很是友好，时时流露出对祖国的感激之情，说：“什么时候能堂堂正正地用‘中国制造’就好了。”接触多了以后，他知道我是专门搜集行情资料的，在业务谈完以后就专门给我介绍当前的一些市场情况，如流行什么颜色、花样、款式，流行什么面料，货物的原产地在哪里，价格如何等，让我受益匪浅。

在上海服装交易会上，有一位华裔法籍人士带妻子回来谈买卖，向我们介绍他的妻子时说：“这是我的内人，服装专家，具体业务由她来谈。”他的夫人也懂一点中国话，但不精通，接过丈夫的话说：“我丈夫是中国人，我也不是你们的外人，是你们的内人……”这引得大家一阵哈哈大笑。经过丈夫的解释，她也哈哈大笑起来。

自从接触了外贸工作后，我对金钱又有了新的理解：金钱不是万能的，但没有钱也是万万不能的。国家建设需要外汇，我们搞外贸工作的要给国家创造更多的外汇，把我们的国家建设得更加美好。

以前的交际场合免不了烟酒，通俗的说法是“烟搭桥，酒开路”。见面一支烟算认识了，一杯酒下肚就签字解决问题。中国出口商品交易会的台面上都摆放着大中华牌香烟，这是免费供应的，客人一坐下首先敬上一支烟，倒一杯茶，然后再慢慢聊业务。很多年轻的同志受不了香烟的诱惑，几天工夫就上瘾了。我总是记住父亲的教导：“千万别抽烟，一个人抽一辈子烟就等于烧掉了一座房子。”那时只是从经济上考虑问题，现在想起来，这个家训使我不仅保住了房子，也保住了肺部。

那时大家的工作热情都很高，加班加点是寻常事。我们这些有孩子的，一人加班则全家都得在公司陪着。我的工作性质决定了我的工作时间富有弹性，可我的妻子则不同了，月底、季末、年初都免不了对账、查账、做报表，只有加班才能完成任务。大多数情况是加完班了，孩子也睡着了。

我们到公司的第二年，全国普遍提高工资，我以为我们都有份，因为在北京的同学来信说他们都提了一级。事后领导做我们的思想工作，说公司低工资的干部很多，他们才三四十块，我们六十一块五已经算是高工资了，等下一次再提吧。这么一等就等了十六年，到 1979 年才从 22 级提为 21 级，每月六十八元。但我们的精神面貌和工作热情并没有因此受到影响，因为我们心里明白：我们是为社会主义做贡献，应该任劳任怨，报酬多少无所谓。

过去学校贯彻教育与生产劳动相结合，劳动是家常便饭。现在干部参加生产劳动也是一项任务，每个星期到公司仓库劳动一天是雷打不动的制度。主要工作有：下九仓的卷板，黄沙仓的装箱、改包装，黄竹岐镇罗村仓的打包、摞箱。我经常去罗村仓库劳动，打包、摞箱既是体力活，又是技术活。我既有体力，在技术上上手又快，师傅们都欢迎我加入他们的工作。在老师傅的指导下，对铁皮机我能应用自如，摞箱时也可以把一箱箱货物摞得很高很高，深受师傅们的赞扬。

1966 年的某一天，省外贸系统召开全体干部大会。接着各公司掀起揭批“三家村”“四家店”的高潮，此时我就成了揭批的对象，他们罗列的“罪名”来自 1963 年春节晚会我的相声表演。当时为了助兴，我和李志忠同志表演了对口相声，其内容反映了经济困难时期的一些情况。揭批者就以此为“罪证”，说我给社会主义“抹黑”，我和李是公司的“二家店”。相声的脚本是我写的，理所当然所有的“罪名”都落在我身上，他们还引用了“利用小说进行反党活动是一大发明”的毛主席语录。“五一六通知”发布后，公司召开了平反大会，此时我爆发了不满情绪，在会上骂了公司领导一句，这可不得了。旧的“罪名”未除，新的“罪名”又至，被扣上“现行反革命分子”的帽子，马上被关进了牛棚。当时父亲在广州，得知我被隔离审查后，就写了五六页纸的长信给我，说了我们祖祖辈辈受苦受难的身世，表示对我的教育，但我心里明白，这是给军代表看的：不相信儿子是“现行反革命”。不久后我就被释放回家了。父亲虽然文化水平不高，但对当时的革命形势认识得很是深刻，他说：“对立的两派都是革命派。”

1968 年，全国兴起“干部下放劳动，接受贫下中农再教育”的热潮，各地纷纷办起了“10·4 干校”。广东省纺织品进出口公司也不例外，与广东省畜产进出口公司一起到英德办起了“五七干校”。从此我又迈上新的征途，实际上是回归原点，再当回农民。

10 回到原点再当农民

1968年孟冬，公司领导（革委会主任）Q同志找我谈话，说为了贯彻“10·4指示”，公司有一批同志要被下放到英德“五七干校”，其中就有我们夫妇俩，没有谈及小孩的问题。但是他说要把户口迁过去，是长期的。意思很清楚，这一去就别想再回来了。而且还向我交代，说我是从农村出来的，对土地是否肥沃或贫瘠比较了解。安排我打前锋，先去争块好地皮，将来好过日子。其意思也是明摆着的：将来要自食其力，别想再拿国家工资了。我当时就表示：“下去就下去，凭我的体力也不至于饿死，顶多再当回农民。”

回家跟父亲商量后，决定由父亲带两个女儿回老家生活，我们夫妻俩只身去干校，在广州不留一针一线。

到了干校后，军代表给我们训话：“这里原来是劳改场，现在劳改犯都走了，你们要接好班。”啊，原来他们是把我们当准劳改犯流放到这儿的。

在干校，我们的任务是养茶树、采茶叶。采茶叶很强调摘两叶一心，否则不是浪费，就是茶叶太老，不合要求。基于体力比较好，我被安排在农药班，从东到西，由南往北，不停地喷洒马拉硫磷或乐果之类的农药。当雨后虫子多时，喷药的任务尤其重。干校领导对我们的健康非常关心，怕一天到晚长期接触农药会引起慢性中毒，每次出工都给我们供应糖水，说这是解毒的好方法。

在茶场没干几天，连队又安排我们到并场队，与贫下中农同吃同住同劳动，直接接受贫下中农的再教育。我们五个人（我们夫妇、某夫妇和某同志）下到一个叫雷公寨村的并场队。所谓并场队，是指合并到农场并由农场管辖的生产队，但在经济上还是自给自足的，并不属于全民所有制的生产单位。我被分在一个叫吴茂友的农户家，学竹被分在另一家，我们夫妻二人分吃两家饭，共睡一家炕。

我那一家的男主人叫吴茂友，女主人叫吴茂兰，当时觉得好奇怪，难道他们是兄妹？有一天我冒昧地问了他们的父亲："老大爷，我冒昧地问您一句，吴茂友和吴茂兰好像是兄妹似的，既同姓，又同辈分。这是怎么回事？"老大爷说了我才明白，原来男的是从韶关入赘过来的女婿，为了认祖归宗改为吴姓，属于茂字辈。真想不到，农村招过门女婿居然还这么讲究。

在并场队，我吃得苦，耐得劳，深受贫下中农的喜爱。他们干啥我也干啥，他们上山砍柴，我也上山砍柴，而且跟他们一样也挑一担下山来。挑泥砖，他们挑几块我也挑几块，他们犁地、耙地，我也照样犁地、耙地，没有什么农活是我干不来的。跟其他下放干部比较起来，群众就有议论，说我们是劳动人民中的一员，哪像是被管制的对象。这时我才知道，那一对夫妇原来是跟着来监督我们的。我在劳动中与贫下中农建立了感情，他们和我无话不谈，在交谈中他们也了解了我的身世，深表同情。

尽管是过着农民生活，但也有星期天。借此我们经常到小河边垂钓，用番薯做鱼饵，放长线，在大树下盯着鱼漂聊天，仿佛又回到了我们谈恋爱的年代。鱼漂在动，一会儿沉下去，又浮起来；一会儿浮起来，又沉下去。经过几个来回，鱼漂最后被拖走了。后来吸取了经验，应该慢慢收线，把鱼拉到水面，它要反抗就放线，又经过几个回合，把它拖累了就慢慢地将其拉到岸边，最后用网一兜就把鱼兜上来了，我们钓到的最大的一条鱼是鲤鱼，拿回连队一称足足两斤八两。回忆起来，这些无忧无虑的星期天真是美满而丰富。

一眨眼秋风瑟瑟，学竹的肚子越来越大，眼看着预产期就快到了。我必须把她送回海南老家，这样才有人照顾。而当时干校要搬家到四会，我不能离开连队，因为我们的全部家当都在这儿，必须由我亲自处置。于是，我只好将她送到广州，在老邻居韩东绪家借住一晚，第二天送她上船后，我就急忙赶回连队办理搬家的事情了。

我们五七干校之所以要搬到四会是由于外贸局的安排，说是要加强对干校的领导，把外贸系统的五七干校集中到一块儿。新的校址选在四会县新塘，在那里原有一所广东省财贸干校，基础比较好，在瓦渣塘又有一大片农田用作生产基地。我们连队有三户带家属的人家，各分到一个单间。

在四会，我把家安顿好了以后，就请假回海南把她们母女四人接到了干校。当时正是春节期间，我一到家就看到大女儿一平挑着粪箕捡石子，说是为了建学校，人家是有老父必有小子，我是有老父必有小女，她又要重走我的求学之路。有一天妻子告诉我，她回家的时候两个女儿问我的父亲：“爷爷，妈妈回不回咱家?”时隔才一年多，孩子就对妈妈有了生疏感，而且满口海南腔，广州话都不会讲了。这让学竹一时心寒起来，无论如何都要把她们带回去，即使受苦受累也心甘。

第三个女儿出世后，父亲给她取了个名字叫林尤青，尤是辈分，青是竹林青翠，含有我们林家兴旺发达之意。回想起我们给二女儿林尤宁起名就没有这么讲究了：尤即辈分，在字义上有强调或者加强的意思，宁是安宁，一生平平安安是最重要的。

婴儿时期的三女儿多灾多难。一出生妻子就奶水不足，过后又在耳后长了一个毒疮，急得我们不知如何是好。幸亏有一个好心的乡亲送来一小块熊胆，用水溶化后抹在患处，很快就破包流脓，再过几天就结痂长肉了，完全恢复了原貌。

至于奶水不足就很难解决了，老中医无能为力，家传秘方也无效，当时又不兴喂牛奶，只能用淮山米粉煮糊喂养，从海南到四会都是由我的父亲来调糊的。

在四会干校我又学会了新的本领——木工活，锯、刨、凿，样样上手，油漆也内行，最满意的成果是做了一张可睡五个人的大床和一个衣柜，还学会了编竹篮子。

从住地（新塘）到工地（瓦渣塘）要走一个钟头的路程，基本上是早出晚归。因为那一大片农田经常被淹，作物总是颗粒无收。我们的主要任务是筑堤建坝，以防河水泛滥。要把泥土从低处弄到堤上去不仅是力气活，还要讲究工作方法。开始时是人们排成几队，从队头到队尾一箕一箕地把泥土往上传。这种方法的最大缺点是体力上的平均主义，效率不高。后来就改成根据个人的条件，两人抬一箕，或一人挑一担。我是全连队身体最棒的，别人挑一担我挑两担，乃至在整个筑堤过程中扁担都挑断了三根。当时是按劳付酬，我当时就享受了按需给粮，全连队我的粮食定量是最高的。由于我在生产劳动上卖力，在工作上努力，在学习上积极，多次得到连队的表彰。

阿青一周岁学会了走路，但两只脚有点弯，并起来像O形，人们管她叫做弯弯脚。大概是缺钙的缘故吧，吃了不少钙片，长大以后才恢复为正常的样子。但不管怎样她那时都是很活泼的，一点儿也不认生，楼上楼下到处跑，这个房间出那个房间进，又唱歌来又跳舞，博得叔叔阿姨的掌声和糖果，也增加了大伙儿的生活乐趣。有一次学竹到楼上叫她下来吃饭，结果一不小心摔倒了，回来后自己抹了点万花油，过一阵肚子却痛起来。去医院检查，是流产，实施了刮宫手术，引发了后来的盆腔炎。

在四会我们有幸结识了一个海南老乡，正是“老乡见老乡，两眼泪汪汪”，加上情趣相投，我们就成了好朋友。特别是父亲，他很珍惜这家远离故里的乡亲，经常找她们叙谈乡情。真是无巧不成书，我的大女儿来到干校后就进入四会县城小学读书，班上正好有一个原籍海南的小姑娘。她问我女儿：“你去过海南吗?”“我是刚从海南来的。”从此她们就结为了好姐妹。阿平回来后把事情告诉我的父亲，父亲就迫不及待地跟那家人畅谈起乡情来了，后来我们搬回广州还经常来往。

1971 年，干校准备撤销，下放干部将分期分批回城，轮到我们的时候已经是最后一批了。不管怎么样，能回来就好，这也是我们一直以来的愿望。

11 回 城

1972年初春，公司派车到干校把我们一家大小接回广州，安顿在文德路厂后街47号一楼一个单间的房子里，厨房、厕所、洗澡间都是公用的，哪家哪餐吃什么彼此都看在眼里，如果是哪一家炒了辣椒，能把大家呛得直打喷嚏。但这样的生活也有好处，大家可以互相交流厨艺，我学你的潮汕菜，你学我的海南味，至于广州菜的做法，大家可以互相学习、交流经验。从人际关系来讲，比现在的套间好得多。现在住的套间连隔壁邻居是张三、李四还是王五都不知道，彼此不相往来，更谈不上互相照应。房子的面积很小，但楼层很高，我们便要求公司在里面搭起一个阁楼，楼上当睡房，楼下当客厅，权当一房一厅。

回城后，两个女儿进入文德北路小学念书，这是广州当时最好的一所小学。后来小学办初中，她们也在那里继续她们的学业，毕业后才分别考进广州市第十三中学和执信中学高中部。小女儿则进入万福路幼儿园，后来就近到清水濠二小念书。这是一所以培养少年乒乓球员出名的学校，放学回到家里，小女儿总是在外面对着墙练球。有次学校比赛，一二年级的同学一个组，作为一年级的孩子，她竟然取得了第六名的好成绩，后来我们经常开玩笑地说她在六个人的比赛中荣获第六名。虽然她显现出了打球方面的天分，但考虑到运动员的运动生涯很短暂，在青少年时期还是多学点科学文化知识好，于是又把她转到文德北路小学。后来，她有时和我们开玩笑说：“要是继续在清水濠二小念下来，世界冠军也许轮不到邓亚萍呢！”

回城后，我还是继续做我的老本行——国际商品市场行情调研。跟过去比较起来，简直是鸟枪换炮了，不论是从将帅到兵马，还是从设备到战略战术都焕然一新，这又进一步增强了我对这项工作的兴趣和信心。科长胡娉霞对行情工作很重视，也抓得很紧，经常开会研究各方面的问题，大家写出来的材料比较真实，分析也有道理。她对我的工作很满意，中国出口商品交易会和上海服装交易会的行情调研工作一般都派我去，总公司每年一次的行情研究会议也安排我参加。因此，北京、上海、青岛、威海、大连等地方我都去过，也算是借工作的机会周游各地，但工作也是做得比较踏实的，毕竟每年研究一次行情，集思广益、交流经验很有必要，也取得了一定成效，这是有目共睹的。

回城不久，公司又安排我到阳江县参加社会主义教育运动。公司由刘桂芳副经理和占维勋科长带队，队员有卢丙麟、黄晓梅、曾作烈和我四人。我们最大的成绩有两项：一是揪出了一个大贪污犯，二是建成了一座大桥。

我们下去在长乐大队蹲点。那里的农田大部分种糖蔗，国家按照卖蔗的重量补贴粮食指标，大队会计就利用工作环节上的漏洞，勾结糖厂职工开白条，虚报进厂蔗量，贪污了十几万斤粮食指标和十几万元人民币。我们发现线索后将其隔离审查，内查外调，最后确证，移交法院审理。

长乐大队被一条小河隔成东西两部分，河西是主要蔗区，收割的时候运输很不方便，大队干部关于建桥的想法由来已久，但都没有落实，现在把希望寄托在我们身上。正好我们的领队刘桂芳同志曾任仁化县县长，是部队转业干部，与原部队领导仍有联系，遂向他们求援，部队就将其列入支农计划，除了拨来一定的资金外，还派车帮运水泥、石头。建桥工就由各个生产队派遣。准备了几百个沙袋，装上沙后就把准备建桥墩的地方围起来，用抽水机把里面的水抽干，再把里面的沙清走，这样桩位就挖得很深了。问题是当时正值隆冬，北风呼啸，寒冷刺骨，谁都不敢下去，见此情况，我和卢丙麟先跳下去，做个表率，并喊着："共产党员、青年团员都下来！"我们虽然还不是党员，但这是党的工作，叫党员、团员下来完成任务也不犯错。在党员、团员的带头下，大伙都跳下来了，干得热火朝天，仿佛把冬天的寒冷都赶走了。就这样经过二十几天的奋战，终于建成了长乐大队的"赵州桥"。我们都是苦力工，没有工程师的设计，也没有工程师的现场指挥，光凭一股干劲就把一座横跨两岸的大桥建起来了，现在想来真是有点儿后怕。不过社员中很多是泥水工，有人说关键是选好桥心石，两边的拱快接拢的时候，把桥心石插进去就万事大吉了。谁说得有理我们就采纳，谁的方法好就照谁的办。好在我们的大桥经住了时间的考验。桥建好后，正赶上收蔗的大忙季节，拉蔗的卡车轰隆隆地从桥上驶过，我们看到了真开心，因为我们为老百姓做了一件大好事。

在经济上，公司对职工也很关心，建立起职工互助金，谁临时有困难可以借支，以后待机归还，如果实在还不了就由公司领导开会研究给予困难补助。我这人好面子，总是很难开口，月底的借支都由我爱人出面。1973 年秋，海南老家刮了一场很大的龙卷风，房子被刮得块砖片瓦不留。当时我正在上海参加服装交易会，学竹就向基金会借支几百元临时解决父母亲的困难，以后分期归还，科长胡娉霞同志也主动向公司提出给予我困难补助。

那时的文娱生活主要是看电影和看电视，看电影要花钱，看电视不花钱但要早一点到公司占位。占位的任务一般都由三个闺女去完成，每天晚饭后我就把办公室的钥匙给她们，让她们搬椅子到总务科门口占位。但有时候没有人开机，或者电视机有毛病开不了，她们就懊丧地回来说：“唉，又是一场白行战斗故事片（意思是白走一趟，没看成）。”过了一些时日，我们的邻居袁士雄同志被派到香港工作，他家经济条件比较好，买了一部彩色电视机，我们就每晚到他家里看，从此不再到公司占位了。

当年要买一部电视机没那么容易，除了价钱比较贵外，还要凭票，不是一般家庭所能如愿的。我们家买电视机大概是在1978年吧，花了好几百块，虽然不用票，但那是二手货，九寸黑白南虹牌电视机。尽管这样，我们还是很满足的，因为我们从此进入了拥有电视机的家庭行列。1983年，我带学生到香港实习，住在派驻香港的同志的宿舍里，由于费用包干，省下来的归自己，再加上平时储蓄了一点外汇和驻港同志的赞助，我才买了一部19寸彩色电视机和一套音响设备，从此我们家也开始了现代化生活。

在此之前，我们家只有一台半导体收音机，仅能接收长波和中波。那是到北京参加纺织品行情会议时用出差补助的钱买的。更早一点是矿石收音机，那是1964年去上海参加服装交易会时，花了十几块钱买零件，委托上海服装分公司的一位同志帮助组装的，尽管只能听长波，但对我来说，能及时地听到新闻报道就很满足了。

更能体现我们生活变化轨迹的则是风扇。小时候我们纳凉用的是自己以竹篾编制的竹扇，我还附庸风雅地在上面写了一副对联“自家人不分大小，公子王孙把扇摇”，横批是“手动风来”。意思是不管是谁，想要凉风就须自己扇扇。后来为了携带方便又做了一把可以折叠的纸扇子，在上面题的字是“风随我走”。工作以后，很长时间都是使用葵扇，下放干校后认识了畜产进出口公司的同志，他们就送给我几把鹅毛扇，这算是比较高级的了，摇动起来很像孔明的羽扇，好不得意。如果有客人来访，扇子不够用就以其招待客人，自家人则把报纸折叠起来当扇子用。1974 年在嘉陵机器厂工作的一位同学从重庆来我家拜访，专门为我们带来了一台座扇，这就进入了初期现代化。再过一年，我们搬家到万福路 154 号，在大厅里装上了吊扇，我家的现代化又发展了。几年后搬家到越华路时才装上吹冷风的空调机，不但不动手就有风，而且是凉风，多舒服。

我的拙诗《长寿经》里有一句："交朋会友不能少。"回想起来，回城的最大收获就是找回挚友之间的友情。一到广州我们就和同窗王运燕同志联系上了，他住在离我家很近的文化局，我们之间经常来往。他单位分了鱼就拿来我家加餐，我们包饺子也叫他来同享。来的次数多了，他跟我父亲也很熟，乃至父亲常和他开玩笑："运燕啊运燕，晒谷要趁早晒，否则太阳要下山了。"可见父亲多么关心他的婚姻大事。

老王毕竟是名牌大学中文系的高才生，肚子里的笑料很多，讲起来经常逗得我们捧腹大笑。记得有一个笑话是这样的：县里有一个干部下乡对青年民兵说："我是县委书记……派来的，……专抓青年……民兵思想工作！县里决定，每人发一支枪，……那是不可能的！两人发一支枪，……也是不可能的，……现在决定了！三人发一支……木头枪！……同志们啊，我们今年粮食大丰产……猪狗吃了。"刚开始自我介绍时是县委书记，谁知道是被县委书记派来的。"专抓青年"，搞得人心惶惶，哪知道他是负责青年民兵工作的。至于枪支问题兜来兜去还是木头枪。粮食丰产，猪狗吃了，这不是告诉大家丰产不丰收嘛，谁能想到他说的是，粮食丰收，足够大家吃饱肚子了。

虽然我在公司工作称心如意，与科里的领导和同志们的关系也很融洽，但对我来说，整个公司的环境不是很理想，总有一天我要离开。有一次到中山大学游玩，走在西区教工宿舍的过道上，一位多年未谋面的老同学，陈光文，比我高一届的大学同学，在楼上的窗口老远就看见我，喊着我的名字。经过一番寒暄之后，他问我："想不想回大学教书？""当然想啦。"于是，他就把我介绍给中山大学经济系主任雷强同志。雷主任对我很感兴趣，就报给学校准备商调，学校领导看过材料后不同意，嫌我没有职称。后来老陈又把我介绍给暨南大学（以下简称"暨大"）经济系主任蔡老，见面后蔡老就叫我回去做好来暨大的准备。过了几天商调函果然来了，实在感叹暨大的办事效率之高、速度之快。

暨大的商调函来了以后，公司人事科科长邱才同志问我："老林，广东省外贸学院也想要你去教书，你去不去？""既然暨大已经来函了，那我就去暨大吧。"

12　重新站上这三尺讲台

1979 年 6 月，我到暨大报到后，领导安排我上医学院的政治经济学公共课，一个课堂由两位老师负责。这是我第一次真正走上大学讲台，是在我们人大的校友张志英同志的帮助下。为了上好课，我利用暑假期间做了充分的准备，把所有要讲的东西通通写成讲稿，而不只是大纲，一节课所讲的内容大概六页纸的样子，基本上是整理我在中国人民大学听课时的课堂笔记，再加上我当国际商品市场“侦察兵”时所接触到的一些新材料。

1980 年，暨大新成立的国际金融专业缺兵少马，张元元同志遂把我调到国际金融教研室，准备开外汇概论课，后来外汇概论又并入国际金融课程。此后，我有时讲外汇概论，有时讲国际金融。写有《外汇概论》校内教材打印本，后来又出版了《国际金融教程》，供教学之用。有一位在广东省金融专科学校教书的人大哲学系的校友，借了我那本校内教材，未与我打任何招呼就拿到中国人民大学出版社出版，取名为“国际金融学简明教程”，我到书店看到后就买回来阅读，与我的校内教材一对照，居然书里百分之七八十的内容都和我那本校内教材里的一样。我立即将此事反映到中国人民银行总行和广东省金融专科学校。后来他给了我一千多元的稿费，在学校又受到了处分，这事就这样私了了。那位校友以前经常来我家做客，经过这次事件后就再也没有见过面。1999 年，我和我的研究生刘沛在我那本《外汇概论》校内教材的基础上编写成《外汇理论与实务》，由暨南大学出版社出版。

我到暨大任教后，一直努力上进，认真工作，1981 年被评为讲师，1987 年晋升为副教授。中国青年出版社来暨大组稿编写《现代企业管理实用全书》时，主编张元元、王光振安排我撰写第八篇“企业对外经济与贸易”，经过艰苦的努力我较好地完成了任务。就凭这些著作以及四十多篇论文，1994 年我晋升为教授。

我调到暨大时是 46 岁，当时出国留学英文进修考试的年龄限制是 45 岁，我的末班车已经开走了。到了 1984 年年龄放宽到 50 岁，而我又过 51 岁，又没有搭上末班车。尽管曾参加学校教师英文高级班的学习，外语水平有了一定的提高，但还是没有赶上出国进修的好机会，颇为遗憾。

改革开放前，全国没有开办国际金融专业的高等院校。改革开放后，开办国际金融专业的学校里，天津财经学院是第一家，暨南大学算是第二。后来随着国际经济交流规模的不断扩大，对外贸易额的增加，利用外资的数额越来越多，比重越来越大，国际金融专业越来越吃香，乃至成为热门专业。除了满足中国银行的办学要求外，还接受广东省建设银行委托招生、培养的十年计划。然而我们当初建立国际金融专业时条件艰难，人才稀少，甚至没有一个办公的地方，教师开会得往主持人张元元家里跑。后来学校给了我们一个房间，也不过是十几个人，工作量之大是可想而知的。我的性情是工作不嫌多，只嫌少，不怕忙得要命，只怕闲得发慌。为了更好地完成新的教学任务，我努力学好新的课程内容。1981 年，南京大学邀请美国印第安纳州大学顾寿恩教授来到南京开办国际金融讲座，我很珍惜这样的机会，专心听讲，勤做笔记，动脑想问题，收获比较大。学完归来，南京大学经济学系专门负责这项工作的金老师还来信请我整理好笔记、画好图表给他们参考。

不管是对老师还是对同学来说，国际金融都是一个新鲜事物，我给第一届（79 级）同学讲课时就毫不掩饰地说：“我们的国际金融是一块试验田，你们是种子，我们是农艺师，希望在农艺师的用心栽培、浇灌下，你们茁壮成长，给后面的学弟学妹作榜样。”他们真的不负期望，毕业后都成为金融界的业务骨干。

现在回头来看，当时老师、同学的确都很辛苦。常言道，老师肚子里要有一桶水才能给学生一滴水，因此我夜以继日地浏览了我所能看到的所有外汇、国际金融方面的书籍，幸亏那时记忆力比较好，虽然不能说过目不忘，但读过的梗概会在脑子里萦绕。下课后同学们也总爱刨根问底，既知其然，也求知其所以然，尤其是侯芯冰、梁凯明、任伟林、黄贞等同学几乎每节课后都留下来弄明白一些问题，甚至有时下一节课的老师已进了教室，同学们还不舍得离开。作为老师的我，也喜欢同学们的提问，因为他们提问是对老师的信任和尊重，总比铃声一响各奔东西好。我在外交学院当过一年多的答疑老师，有一定的举一反三的答疑经验，现在在新的课堂上也沿用着这些经验。内容虽不同，但方法是一样的。

那时很兴以文会友，我凭着撰写一些学术研究性的文章参加了一些学术会议。例如我写了《对国际金融教材科学体系的探讨》，以此参加了中国人民银行在贵阳召开的教材会议；写了《关于在我国境内开辟离岸金融市场问题的探讨》，参加了中国银行在福建武夷山召开的国际金融问题讨论会；写了《开放中国劳动力市场问题初探》《人民币汇率问题及其改革》，分别参加了广东省社科院在广州召开的生产要素会议和外汇问题讨论会，等等。

在武夷山参加国际金融问题讨论会，在九曲溪桥留影（右边为作者）

1987年我晋升为副教授后，次年开始招收和指导硕士研究生，首届学生曾广胜，第二届学生路志刚，第三届学生欧阳西和石益群，封门弟子刘沛。后来曾广胜、路志刚和刘沛又继续深造，拿到了博士学位。

当时暨大金融系的名气很大，先后在广州、深圳、珠海、佛山、东莞等地办了在职干部的金融专科班，学生满天下，我们老师都轮流去讲课，有一定的课外收入，其他系的老师都很羡慕我们。当时学校实行三级财政，业余办学的收入三级分成，学校拿大头，学院和系分别拿小头。因此，金融系办班收入除了改善教师的教学条件，提高教工的物质生活水平外，还为学院和学校做了很大的贡献。

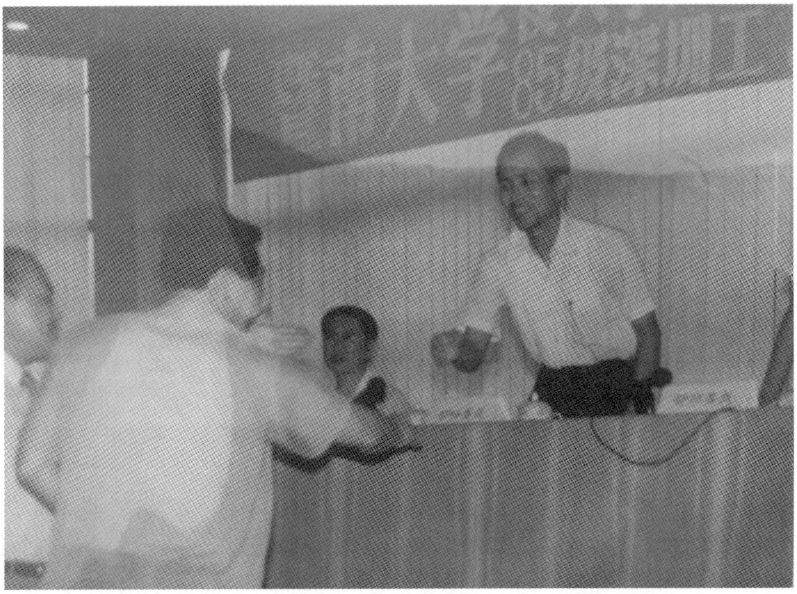

在深圳课堂上（站立者为作者）

金融系领导（左二为作者）

在教学和科研上，我对学生的要求是比较严格的。有一次系里的本科生论文答辩，有个同学左一个王博士怎么说，右一个李博士怎么讲，可就是没有自己的主见。我当即指出，不要迷信博士，要有自己的判断和见解。有些问题博士也在探索，并不是科学结论。把人家探索的问题当作科学结论来引经据典，岂不让自己淹没在科学的海洋里？

对于学生提交的论文我会认真阅读，一个字一个字地推敲，一个句子一个句子地琢磨，一个段落一个段落地考究，然后对学生做认真的指导。有一位研究生提交了一篇关于中国参加世界贸易组织的毕业论文，我仔细地看了几遍，基本认可，在文字和用语方面做了几处修改。但其最突出的问题是文中所引用的数字前后不一致，至于为何不一致也没有给予说明，这在科学论证上是不严谨的。我在文稿上写了几个字，希望她对这些问题再考虑一下，做些适当的修改，特别是所引用数字不能互相矛盾，给人一种前肯定、后否定的印象。我的原意是希望她能尽快修改好，然后顺利通过答辩。如果这些问题在答辩会上才提出来，那么能否通过就很难说了。但此后我并没有收到任何反馈信息，看来她是自动放弃了答辩。

退休后，为了发挥余热，我接受中华研修大学的聘请，做了几届硕士研究生导师，也上了几年的课，又结交了一些新的朋友。

自从参加工作以来，除了由于在武汉市纺织团委和北京外交学院的时间比较短以外，在其他单位我都递交了入党申请书，但因错误和缺点比较多，一直未能如愿入党。1979 年，离开广东省纺织品进出口公司前夕，我又向公司党委递交了入党申请书，支部大会一致通过，但没有得到公司党委的批准。

调到暨大后，我再次向党支部提出申请。1985 年 6 月，我光荣地成了一名预备党员，1986 年转正后经过支部大会选举，我当选为金融系支部书记，后来金融系建立党总支部，我又被选为总支书记和经济学院党委委员。夕阳无限好，只是近黄昏，可惜在岗工作的时间不长了。

曾有人问我：“在运动中你受了那么多冲击，为什么还要求入党?”我说：“父母打了不长进的儿子，是为儿子好，父母终究还是父母。只有社会主义才能使中国富强起来，只有中国共产党才能领导中国的社会主义建设，这是我一直以来坚定不移的信念。”

在“双肩挑”的工作条件下，我一方面做好党务工作，另一方面也较好地完成教学科研任务，得到有关方面的好评。校外评审专家在审核我的教授晋升材料时曾写下赞扬的文字，说做好党务工作的同时又写了好书和文章，难能可贵。

我当上了总支书记后要经常回办公室坐班，处理一些日常事务。其中，有件事给我印象最深：学生的入党问题常常受到家长的干扰，曾经有一位学生家长问我，为什么不发展她的儿子入党。我对她说，发展党员有我们的工作程序，学生能否入党必须根据党员条件来判断，要想儿子进步快些就回去做他的工作，在各方面严格要求自己，做个表率。结果她的儿子很争气，后来就入了党。

13　我的教学生涯

我小时候很爱看文艺小说，曾想将来当个作家。但是我们读书都用海南话，平常讲话也是满口海南方言，这就成了拦路虎。我有自知之明，放弃了这条路，还是“学好数理化，走遍天下都不怕”，向科学进军就不会受语言的制约。虽然我的理科功课很好，但鬼使神差读了文科，不过我所读的经济类文科又与文学类文科有所区别，起码它不特别强调词语的艺术修饰。然而，我对文学创作还是恋恋不舍，1973 年到阳江参加社会主义教育运动时，揪出一个大贪污犯，有了素材，想以此写一部小说，也开了个头。被女儿发现后，她经常拿里面的台词和我开玩笑：“王大爷说……”“说了什么?”“说到哪了?”……搞得我很不好意思。后来发现自己没有文学功底，再者也没有连续的写作时间，三天打鱼，两天晒网，断断续续的，写到后面忘了前面，在情节上张冠李戴，索性毁了，落个干净。

1985 年下半年，广州日报、教育信息报、广州青年报、广州市教育工会、广州市新华书店、广州市教育工业公司共同发起第一届教师节征文比赛，我利用暑假写了一篇《师生之间》应征，结果得了表扬奖，参加了在中国大酒店举办的颁奖大会。现把获奖文稿抄录如下：

师生之间

1979 年初，我有幸出席了一个别开生面的报告会。报告人是回国述职的驻外商务参赞 G 君，报告题目是“利用外资与四化建设”。副标题是：

当我们国家在经济上还极其薄弱的时候，怎样才能加快经济的发展呢？那就是利用资产阶级的资本。

——列宁

在那冰消雪化的季节，这个题目多么新鲜，多么吸引人，也多么使人不寒而栗，叹为观止。G 君有着二十多年的外交生涯，经历了人世间的风风雨雨。他从战后日本利用外国资本恢复生产、发展经济一跃成为一个超级经济大国，讲到发展中国家利用外国资金摆脱贫穷落后的面貌，联系我国当前的实际情况，强调必须利用外国资本，发挥其在社会主义建设中的作用。我越听越觉得不对头，利用外资怎么能与社会主义挂上钩呢？出于爱护报告人，我悄悄地给他递了一张条子：“G 君，历史的经验值得注意，你不觉得这是一个危险的题目吗?！过去曾有人在课堂上阐明你用作副标题的那句列宁的话，提出借助外国资本被打成右派呢。”署名是“二十年后再见者”。他读完纸条，震了一下，沉默片刻后讲了一些题外话：“历史的教训是深刻的，但我们要积极地接受教训，不要消极地逃避；要做事业的开拓者，不要因受历史的嘲弄成为惊弓之鸟。”题外话之后约我留下，说有些问题要向我求教。

我在后台休息室门口踟蹰着，正想往回走的时候被 G 君叫住：“J 老师，二十多年的坎坷，辛苦您了。”这使我一愣：“仅从背影您怎么晓得敝姓 J?”为了表示对参赞的敬重我也用了个“您”字，“那很简单，我凭地下工作的经验，出了个联络信号，引来您‘二十年后再见者’的回音。”花开无意，赏花有心，不愿署真名倒被参赞识破了。

记得那是大鸣大放的年代，我一从大学研究生班毕业就被分配在D学院任教。在我这个娃娃老师面前的都是饱经风霜的大干部，他们比我成熟得多，讲起课来真有些胆怯。G君是个如饥似渴的知识追求者，经常到教工宿舍穷追不舍地求教。有一次当我被问到窘得满脸通红的时候，是他自己解了围：“老师，都怪我没有学好，其实是上学期E课的内容。自己想不通，翻书也找不到答案。”“这是一个新的问题，以后我们一起研究吧。”我也打了个圆场。

经过了解，这是上学期末E科试题，由于答题观点有悖于社会舆论被扣分。那时论述问题都有一个引经据典的风气，对于“谈谈我国对外经济关系的新发展”，我当然也要向经典著作求教。有了经典著作壮胆，我讲了除发展社会主义国家的友好合作外，还要适当利用资本主义国家的过剩资本。这不同凡响，我便因此背起了历史黑锅，同情我的学生也受株连，G君被撤掉了支部书记职务。从此我那间门庭若市的公寓也变得冷冷清清。有一次G君在卫生间遇上我，说了最后一句话：“J老师，您保重，二十年后再见。”我还配做老师吗？心里十分疑惑。

二十年后的今天，他成了我的老师，在我面前滔滔不绝地讲了许多新鲜事儿。可以看得出，他心里十分后悔：“J老师。您二十年前的不幸全怪我，要是我不问您那个敏感性问题，您就不会走进那个禁区，从而也不会有二十年的坎坷。其实我的答案跟您说的一样，不过看卷的是老师，只是扣分罢了。而您则在大庭广众中发挥，被打上了一个很深的历史黑点。内疚得很，学生问一个问题，却给老师带来了一场灾难。”

“别那么说，那不是你的过错，也不是我的罪过，而是命运在捉弄人。即使没有你提的那个问题，我也会成为一个当然的‘开历史倒车’者。因为要完成5%的任务，论家庭出身、社会关系，我是最适合不过的了。况且，我的所有课堂讲授、开会发言，也不能保证百分之百正确呢。”

得到G君的帮助，我的讲课内容有骨有肉，颇受学生的欢迎。但也有的学生因此产生了一些曲解，好像月亮还是西方的圆，空气还是西方的新鲜。有一次班里组织一个科学讨论会，主题是“创造良好的投资环境，加快利用外资的步伐”。有的同学竟然提出取消外汇管制，资本主义国家有的我们也应该有，人家怎么做我们也应该怎么做。有的同学走得更远，认为社会主义制度限制了外国资本的流入，言外之意，要利用外资就要放弃社会主义，两者不可兼得。听了这些议论，我打了一阵寒战。比起大鸣大放年代的我，他们走得还要远，尽管不会故我再现，但发展下去是不堪设想的。正当我忧虑地思考答案时，小G发言了：“请不要忘记，谈论任何问题都不能离开社会主义，不要把资本主义描绘得如花似锦，把社会主义说得粪土不如。不要因为目前我国生产力还落后、科技水平还不高就动摇信心，把资本主义崇拜得五体投地。”

这是一个好苗子，有理想，有抱负，不人云亦云。为了更好地培养她，我翻阅了她的档案。在这份档案面前我默然发愣：她竟然是G君的女儿。我教了他们父女两代人，这两代人既是我的学生，又是我的老师。

今天是教师节，G君和她的女儿来我家祝贺。说是感谢恩师，但到底该谁感谢谁呢，我不禁说出埋藏心底多年的肺腑之言：“G君，论辈分您比我大五岁，论资历您比我早工作十年，论学识您比我见多识广。说实在的，过去和现在您都是我的老师……”“不，不，不能这么说，老师毕竟是老师，学生终归是学生，正像父亲毕竟是父亲，女儿终归是女儿一样。”说罢，脸转向他的女儿：“小G，你说呢?”

“感谢恩师栽培。”小G向我鞠了一个九十度的躬，使我这个受礼者不知如何是好。

获奖证书

以上就是我那篇获奖作品，是文艺方面的。当然我也希望在专业方面能有所作为，前前后后写了四十多篇学术论文，有的登在地方刊物，有的发表于国家杂志，也有的在香港与读者见面，有几篇以文会友，参加学术会议，然后被刊物选登。专著也有几本与读者见面。但是奖项总是与我无缘。

人怕出名猪怕壮，在教师队伍中我虽然是一个无名小卒，但毕竟还有一个教授的头衔，自从名字上了《中国当代高校教授大典》，就引起一些人士的关注。曾有人以北京某科研机构和成都某大学合署的名义，翻出我在《国际金融研究》1992 年第 8 期上发表的一篇文章《关于在我国境内开辟离岸金融市场问题的探讨》，邀请我去参加学术研讨会，如同意赴会就汇去 300 元报名费，邀请函中还夹着一张 300 元的发票。以前我们以文会友，除了交通费由单位报销外，其余食宿都是由会议报销的。可现在的通知要交报名费，我觉得好奇怪，没有理它。过了一阵，还是那个合署单位以同样的方式邀请我赴会，不过换了一篇文章《汇率并轨存在的问题及改革》（发表于《国际金融导刊》1994 年第 6 期），我还是不理睬它。没多久，又收到领奖通知，说经与会专家评定，我的论文得了一等奖，请汇去300元作为精美奖杯的工本费。因为我没有把钱汇去，所以奖杯也没有拿到。现在想来，恐是学术诈骗吧！甚是佩服他们持之以恒的努力！

下文所附为我发表于《国际金融研究》1992年第8期的一篇文章，是对在我国境内开辟离岸金融市场问题的探讨，现在读来虽已时过境迁，但仍有可取之处，亦是自己专业能力的一个见证。

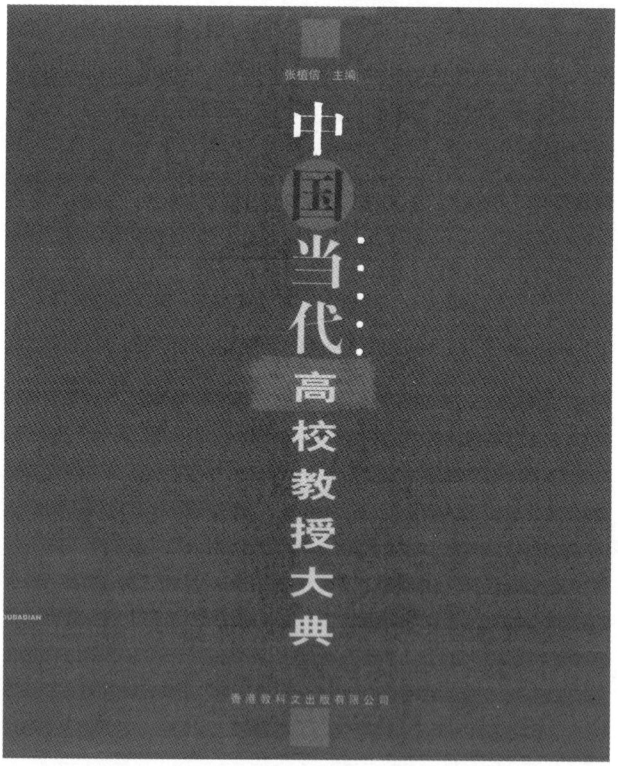

张植信主编的《中国当代高校教授大典》

林鸿谦 男，1933年4月生，海南琼海市人。中共党员。教授。1960年毕业于中国人民大学政治经济学系。大学毕业后分配北京外交学院（当时叫国际关系学院）政治理论教研室任教。1962年由于中央精简机构南调广东省纺织品进出口公司从事国际市场行情调研工作。后因国家高等教育发展的需要，重返教坛，于1979年调暨南大学经济系讲授经济学，次年又转到金融系主讲国际金融、外汇交易与风险管理、国际金融市场等课。1981年定为讲师，1986年晋升为副教授，接着受聘为硕士研究生导师，1993年晋升为教授。自1986年起曾历任金融系党支部书记、总支书记、经济学院党委委员和国际金融教研室主任等职。1996年退休、返聘。重新走上教学岗位以来，除了勤勤恳恳地做好教学和党务工作外，还刻意理论联系实际地研究改革开放中的一些急需解决的问题，在国家级、省级和香港地区发表论文40多篇，如《对国际金融教材科学体系的探讨》、《开放中国劳动力市场问题初探》、《关于在我国境内开辟离岸金融市场问题的探讨》和《开征遗产税浅探》等。自著、主编、参编论著6部，如《国际金融教程》、《实用外汇交易教程》、《国际金融百科全书》、《现代企业管理实用全书》和《外汇理论与实务》等。

《中国当代高校教授大典》中对林鸿谦的介绍

关于在我国境内开辟离岸金融市场问题的探讨

一、建立我国离岸金融市场是深化经济体制改革和加速发展国民经济的客观要求

邓小平同志“南方谈话”时指出，社会主义要赢得与资本主义相比较的优势，就必须大胆吸收和借鉴人类社会创造的一切文明成果，吸收和借鉴当今世界各国包括资本主义发达国家的一切反映现代化社会生产规律的经营方式、管理方法。建立我国离岸金融市场既是我国深化经济体制改革和加速发展国民

经济的客观要求，也是我国吸收和借鉴国外先进的金融运转机制，加强同各国金融合作，实现我国金融国际化的必然结果，它在我国经济生活和对外经济交往中将起着不可估量的作用。

第一，在我国境内的离岸金融市场能够就近为我国提供大量的离岸资金，扩大我国利用外资的渠道，降低筹资成本，加速国民经济的发展。邓小平同志“南方谈话”发表后，全国各地触动很大，都想几年上一个台阶。广东更进一步提出十五年赶上四小龙，这就必然产生对资金的巨额需求，巨额的资金来源只靠国内筹措是办不到的。离岸金融市场可以通过离岸银行把各种离岸资金吸引到我国境内来，以便各种类型的企业根据天时、地利、人和的有利条件加以利用。

第二，在我国境内的离岸金融市场能够为三资企业提供更充分的金融服务和更广阔的资金渠道。国际投资要求国际银行提供服务，资本投到哪里就必然要求银行办到哪里，跨国企业的经营活动需要跨国银行提供金融服务。由于受现行外汇管理制度的限制，在我国境内的外资银行为三资企业提供的金融服务必然在政策上受到某些限制，这在一定程度上影响外商注入资金的积极性。解决这个问题的最好途径是在境内建立内外分离型的离岸金融市场，让离岸银行自由地为三资企业提供各种金融服务，无限制地提供各种外汇来源。

第三，在我国境内的离岸金融市场是我国金融业国际化的大学校。引进离岸金融市场意味着更大规模地引进离岸银行，从而更多地引进反映现代经济活动内容和要求的金融业经营方式、管理方法。同时也引进竞争机制，借以把我国的金融机构特别是涉外金融机构推向国际金融市场，经受优胜劣汰的考验。正因为这样，离岸金融市场是一所大学校，它将为我国培养大批精通国际金融业务、谙熟管理技能的专业人才。

第四，在我国境内的离岸金融市场是实现我国经济国际化的重要桥梁。自我国实行改革开放政策以来，对外经济联系不断加强，对外经济交易不断扩大，不但在国际市场上发展商品贸易，还极力扩大劳务交易，不但引进外资，还积极扩展境外投资，举办各种各样的中国跨国企业。离岸金融市场必定为此提供更充分的服务，为我国企业走向世界，实现我国经济国际化提供各种便利条件。

二、在我国建立离岸金融市场的条件

离岸金融市场是以离岸货币进行借贷活动所形成的资金融通市场，对市场所在地的主权国家来说，它是一个金融特区。因此，离岸金融市场的离岸业务不受任何国家金融法规的束缚，是完全自由的、真正国际性的国际金融市场。我国目前已具备了建立离岸金融市场的一些条件，至少在经济特区完全具备了这些条件。

第一，政治局势稳定是我们的优势，是建立离岸金融市场的前提条件。苏联、东欧剧变后，世界力量重新组合，矛盾重重，社会动荡此起彼伏，经济发展受挫，闲散资金总是难以找到一个好的栖身之地，到处流窜，美元汇价时而上涨、时而下跌正是这种政治、经济形势的反映。而我国政治局面是稳定的，经济形势是良好的。《俄罗斯真理报》也曾报道中国经济体制改革是成功的，用资本主义的经验建设社会主义是有成绩的。为此，在我国境内建立离岸金融市场必定给离岸资金提供安全感，一旦建立必将像强力磁铁那样吸附世界上大量的离岸资金。

第二，随着我国外向型经济的发展，国家的外汇来源越来越多，国际收支状况不断改善，国际储备日益增长，为我国逐步放宽外汇管制提供了必要的物质条件，逐步使外汇调剂中心过渡到完全的外汇市场，至少可以实现人民币的国内自由买卖和外币对外币的自由兑换。上海外汇调剂中心于1992年6月1日试办外汇期货买卖，通过公开竞价交易，首日成交6个月期货合约310份，计620万美元，最高价为6.375 0元，最低价为6.365 0元，这就为使外汇调剂中心发展成为外汇市场作了有益的尝试。可以预见，即将诞生的外汇市场将为在我国境内建立离岸金融市场提供货币自由兑换的市场运作条件。

第三，我国已形成初具规模的国际金融体系。从1979年开始，我国逐步改革外汇业务经营体制，一业为主多种经营打破了中国银行垄断国际金融业务的局面，引进外资银行又进一步使我国的国际金融业务蓬勃发展。到目前为止，已获准办理外汇业务的银行总行9家分支机构200家，外资银行31家，中外合资银行1家，非银行金融机构119家。同时中国银行（包括香港中银集团、内地非银行金融机构）也在中国香港、伦敦、法兰克福、卢森堡、纽约、悉尼、东京、新加坡等金融中心建立了26个分行、财务公司，办理离岸金融业务，引进来，走出去，内外交融，成为离岸金融市场的主体。一旦在我国境内建立起离岸金融市场，上述境内金融机构（包括外资银行、一部分有条件经营离岸业务的专业银行和非银行金融机构）将成为离岸银行，并构成在我国境内的离岸银行体系，通过这个体系进一步促进我国的金融国际化。

第四，我国对外经济活动能力的加强为在我国境内建立离岸金融市场提供了离岸资金的客观需求。我国每年进出口总额已达1 000多亿美元，在世界排名分别为第16位和第13位，尤其是截至1991年底我国已批准外商投资企业40 000家，其中已开业投产的16 000家，它们的出口总额达120亿美元，占我国出口总额的16.7%。这些外资企业实际上就是在我国境内的跨国企业，它们与银行的资金往来特别是外资银行的资金往来很多属于离岸性质。1991年，上海、深圳11家公司经批准发行人民币特种股票（即B股）3.85亿元，成交很活跃，很多境外金融机构纷纷要求承销。它不但给我们提供了利用外资的新鲜方式，也给在我国境内建立离岸证券市场创造了交易客体。随着B股数量的增加，规模的扩大，一级市场和二级市场必然水到渠成。

第五，我国的通信事业特别是经济特区和沿海开放城市的通信事业已初具规模，程控电话容量不断扩大，尤其是在我国境内经营国际金融业务的银行都引进了路透社金融信息终端机、路透社交易机、德勒财经金融信息终端机、德勒财经交易机以及同业专用电话。1992 年 5 月，中国银行曾提出 10 年内实现海内外信息一体化，逐步形成业务处理、数据传输和信息的综合处理、运用三位一体，实现业务处理自动化、数据传输网络化和管理决策科学化。毫无疑问，中国银行逐步实现电子化建设为在我国境内开辟离岸金融市场创造了必要的内部通信条件；反过来，离岸金融市场的外部竞争压力也必将加快中国银行的电子化进程。

根据上述条件，在我国境内的离岸金融市场可建在深圳经济特区，因为与国内各中心城市比较起来，它有很多有利条件：

第一，作为经济特区，它享有很多特殊的优惠政策，并且在地域上建有特区管理线（俗称二线），有效地把特区和非特区分开，实行更加宽松的外汇管理制度和更加自由的金融政策，这就为在我国仍实行严格的外汇管理制度的条件下建立离岸金融市场提供了必要的条件。

第二，深圳已引进 16 家外资银行分行、一家中外合资金融公司、一家保险公司和 9 家外资金融机构代表处。这些外资银行、非银行金融机构的总行都是世界上著名的离岸银行，它们已为深圳特区带来一定数量的离岸金融业务，如 1988 年底深圳市具有离岸性质的外资银行各项外汇存款余额为 13.2 亿美元，一旦建成深圳离岸金融市场，相信其离岸业务必定迅猛发展。

第三，深圳毗连香港，可以充分借鉴香港离岸金融市场的经验，也可以充分利用香港离岸金融市场的条件。

第四，深圳已建成外向型经济，拥有 3 000 多家三资企业，具有较强的对外经济活动能力。

第五，经过多年的实践，深圳金融市场已有一定规模，而且随着业务的发展已制定了一系列适应市场经济、金融运转机制的经济和金融法规；以这些法规为基础进一步完善涉外金融法，离岸金融市场运作就有了法律依据。

第六，深圳的交通、通信事业发达也完全适应离岸金融市场的业务需要。

三、我国离岸金融市场的模式

迄今国际上离岸金融市场有三种模式：

第一，内外一体型，即境内金融市场与离岸金融市场的业务融为一体，居民和非居民均可从事各种货币的存款和贷款业务，银行的离岸业务与境内业务没有严格的界线，中国香港和伦敦就属于这种类型。

第二，内外分离型，即境内金融业务与离岸金融业务分开，居民的存贷款业务与非居民的存贷款业务分开，银行的境内交易与离岸交易分开，从而反映其境内交易的账户与反映其离岸交易的账户分开。如新加坡离岸金融市场设立亚洲货币账户(ACU)，美国离岸金融市场设立国际银行业设施（ABF），日本离岸金融市场设立海外特别账户。

第三，簿记型，顾名思义，这类市场没有实际的离岸资金交易，不在此办理各种离岸货币业务，而只是起着其他金融市场的资金交易的记账作用，其目的是逃避交易市场所在地的税收。开曼和巴哈马就属于这种市场。

内外一体型不利于国家的外汇管理，显然不适合当前我国的国情。簿记型因其没有具体的金融业务活动，对我国更好地利用离岸金融市场发展国民经济作用不大，而且根据周边国家的具体情况，利用我国的市场条件进行逃税资金交易也没有多大的潜力，故无采纳的必要。所以说，内外分离型是我国当前建立离岸金融市场的最佳模式。

第一，既搞活了外汇资金市场，又坚持了国内货币金融政策。离岸金融市场的业务活动不受国内金融法规的制约，资金来源比较多，调度比较自由，市场比较活跃，是利用外资的一个重要渠道。

第二，内外分离型的离岸金融市场是实现中国金融机构走上国际市场的桥头堡。一旦建立内外分离型的境内离岸金融市场，不但外资银行可充分开展离岸金融业务，被批准经营外汇业务的国家专业银行有条件的也可允许经营离岸金融业务，这在人才储备、营业措施、操作规程和业务渠道等方面都为我国金融机构走上国际市场创造了必要的条件，从而也是实现我国国内金融市场与国际金融市场嫁接的条件。

第三，有利于人民币汇价制度的改革。人民币汇制改革的最终目标应是建立单独浮动制和人民币的充分自由兑换，使人民币高度国际化。为了达到这一终极目标，在近期内必须建立管理浮动制和实现人民币的国内自由兑换。目前，人民币国内自由兑换是一种有条件的自由兑换，它贯彻实际需要的原则，形成以国家银行为主体的境内居民自由参加的国内外汇市场。现在各地的外汇调剂中心就是这种市场的雏形。将来人民币牌价一旦与调剂价完全趋同，各地外汇调剂中心组成联网，就实现了由国家驾驭的统一的国内外汇市场。国家要驾驭国内外汇市场，维持人民币汇价的稳定，就须建立一定数量的外汇平准基金，用以干预外汇市场的交易活动。但是这还不是完全的外汇市场，非居民不能自由参与买卖，即离岸金融市场的资金不得自由地进入国内外汇市场进行兑换活动。将来随着我国经济的发展，国家经济实力的增强，国际储备十分雄厚，人民币走上国际化，就可由国内外汇市场过渡到国际性的外汇市场。但届时也不应使内外分离型的离岸金融市场过渡到内外一体型的离岸金融市场，因为无论何时都要实行独立自主的货币金融政策，防止外来不利因素甚至破坏性因素的影响，如离岸银行发生资金困难、挤提、清盘所带来的影响。

不管是在哪一个国家，离岸金融市场都不是完全的离岸，总是一头靠岸，即离开货币发行国家的海岸，靠市场所在地的海岸。因此，它总要接受市场所在地政府的管辖。在我国境内建立离岸银行要坚持一定的审批制度。首先，在母国有一个实力可靠的最后贷款人，以便出现偿债困难时给予融资，保障存户利益；其次，离岸银行应以分行建制，它的总行就是当然的最后偿债人；最后，同一家总行只允许在我国境内离岸金融市场设立一家离岸银行。

为了便于管理，离岸银行一般只准许经营离岸业务，即自由地吸收非居民存款，向非居民发行定期存单、外币债券，从境外拆入资金，给非居民提供双边中长期贷款，参与银团贷款，提供资金，办理各种外币之间的即期、远期、掉期、套汇、套利以及各种国际金融创新业务。为充分利用在我国境内离岸金融市场的资金，可允许离岸银行向外资企业发放贷款，经批准也可允许向国内企业发放贷款，经理 B 股股票、外币债券的发行和流通。

被批准办理离岸业务的银行应开立离岸账户，与银行的人民币账户和外币账户分开。离岸账户是不受我国外汇管理法规管辖的账户，在这个账户上的资金进出自由，但不得自由地将离岸账户上的资金转入人民币账户或外币账户。人民币账户是用于国内收付的账户。外币账户是在我国外汇管理的范围内用于国际收付的账户，虽然在此账户上的资金可以自由地用于对外支付，但它统归外汇管理部门的管理，一般不得自由地划入离岸账户，即离岸账户与外币账户之间的资金往来须办理一定的批准手续，防止彼此之间的互相渗漏。

（本文发表于《国际金融研究》1992 年第 8 期，第 40 ~ 43 页）

14　夫妻双双游天下

读初中的时候，我们使用的地理课本很有意思，课与课之间衔接得很是紧凑，比如说，课文讲到从上海乘船来到武汉，那么就会把武汉乃至湖北的风土人情、地形地貌、矿产资源、经济贸易、交通运输、历史古迹等作一个大概的介绍。然后下篇课文又转到下一站，乘船在长江里逆流而上，来到了重庆，又把有关重庆的上述情况介绍一遍。这就成了一本很好的导游书籍。现在想来，如果我当时能潜心读下去，并对某些问题作进一步的深入了解，那么很有可能会成为一个好的导游先生吧。当然，当时的经济发展水平不高，人们的温饱问题都还没有解决，所谓导游先生、导游小姐都无从谈起。但课本的编者已预见到几十年后的今天，真令人佩服。受到地理课本的感染，我小时候也曾梦想沿着课文的指引去看祖国的山山水水，不过在当时来讲也只是梦想而已。

长大以后，这个问题总在脑子里萦绕不去，但由于各方面条件的限制，小时候的梦想仍然虚无缥缈。仅是借着出差的机会逛了一些大城市，如上海、南京、济南、青岛、威海、贵州、福州等，也看了一些景点，如武夷山、黄果树瀑布等。我在北京读书、工作一共待了六年，却连长城都没有去过，直到20世纪70年代到北京开会才有机会当了一回“好汉”。

退休以后赋闲在家，经济条件也允许，不时想起夫妻双双游天下这个问题。当时正好有两个机会，一是广东省纺织品进出口公司每两年一次的退休职工省外游，一是妻子的母校海南华侨中学校友会每两年一次的校友聚会。由于我直到 2001 年才从教师岗位上完全脱身。妻子退休比我早，在此之前她都是自己参团旅游的，比我多游了一些地方。

夫妻双双游天下（九寨沟留影）

2002 年公司组织退休职工去山东旅游，欢迎家属参加，妻等不及征求我的意见就以家属的名义替我报了名。我们夫妻几十年，早已心心相印，其实也用不着征求意见。我们飞到济南，游孔府，拜谒孔林、孔庙。游毕驱车到泰山，乘缆车直上山顶，走进南天门，逛了天门街。在那里俯瞰大地，眺望远方，我们仿佛就在天上一般。随后，我们踩着天梯下了山。到达停车场，一点人数少了两位，急得导游直冒汗，又打电话，又派人去找，搞得整个团队团团转，耽误了半个多钟头。人们都说，泰山观日出，美不胜收，可惜我们没有这个眼福。

游罢，我们就乘车去青岛，游览了崂山，欣赏了那里的别墅群。导游对此作了简单的介绍，还报了价。“哇，那么贵!”大家异口同声地惊叹。由于时间的关系，在青岛待的时间并不长，接着就乘船去大连。说来也怪，大连不是没有好玩的地方，导游偏偏带我们去看大连监狱，说这里先是俄国人后是日本人关押中国人的地方。

公司组织的老干游，我就参加了这一次。由于我曾在公司工作了 17 年，很多老同志对我都很热情，对于我今天的发展也投以羡慕的眼光。

接着就是参加海南侨中校友会的旅游聚会。海南侨中的前身是国立华侨中学，于抗战时期辗转于重庆、贵阳和云南保山等地，吸收世界各地特别是东南亚各国的华侨子女回国就读，并参加抗战工作，他们中有的已以身殉国，永远留在这块土地上。侨中校友每两年聚会一次，地点基本在原校址所在的地方。在我参加他们的活动以前，学竹曾经去北京、贵州、海口三地与会，游览了不少地方。我退休后参加了两次这类活动，一次是昆明，一次是重庆。在昆明聚会那次，我们去了腾冲、保山，拜谒了遭日本飞机轰炸牺牲的同学陵墓，并以集体名义献了花圈，缅怀他们的事迹，控诉侵略者的罪行。那是一次全校集会，日本飞机突然低空飞来，狂轰滥炸，夺走了他们年轻的生命。接着我们又走了滇缅公路，这是抗战时期大西南接受国外援助的地面唯一通道。这条通道基本上是从这山到那山，大山小山连绵不断，逶迤千里，艰难险阻可想而知。可见全世界抗击侵略者是同心的，车在这条运输线上缓缓爬行，也让我们了解到抗击侵略者的道路是多么的艰辛。此外，还瞻仰了中国远征军鏖战的战场遗址，缅怀为国壮烈牺牲的官兵们。

结束这些富有教育意义的活动后，我们又开展了一些轻松的项目，到湿地踩浮在水面上的草坨，与犀牛合影，射箭。我特别喜欢射箭，花五元买了十支箭，经商家简单讲解后，我就动手放箭了，可是箭箭都脱靶，真无奈。索性自我开解，我的小口径步枪射击技术虽不差，但在这里“三点一线”派不上用场啊。

折回昆明后我们先是参观了石林、大石的石雕，然后直奔大理。在那里参观了古城，乘船游了洱海，在船上欣赏了白族姑娘的三道茶。上岸后又驱车前往玉龙雪山，那里海拔五千多米，导游建议我们买瓶氧气，以防万一。可能导游考虑到我们都是上了年纪的人，只把我们带到半山腰的一块比较平坦的观赏地，在那里欣赏少数民族的歌舞，远远地仰望山顶白皑皑的积雪，结果准备好的氧气瓶都没用上。几年后大女儿从美国回来，带我去大理旅游，我才慢慢地爬到山顶，补回了那次遗憾。

晚上我们去民族村体验少数民族的风土人情，他们都很热情，表演了很多我们在电视荧幕或剧场里看不到的精彩节目，最后还跟我们喝了交杯酒。我不顾身旁的妻子是否吃醋，与一位很漂亮的姑娘喝起交杯酒来，而且还摄影留念。

国务院侨办很关注侨中的校友活动。听说在北京那一次，侨办还派人莅临指导，提醒接待的旅行社不要带队去购物。这次云南之行旅行社也基本上做到了，不过有时也带我们去品赏云南的高山茶，了解他们的特产，想买的就买，不买也不强求。有一天，导游带我们去参观一个珠宝店，说：“你们的一个广东老乡想见你们。”那个老乡的确很热情，每人递一张名片，叫工友斟茶递水之后，作一番自我介绍：“我的祖籍在广州市龙眼洞，过去长期生活在缅甸，连家乡话都不会讲，也没有回去过。现在你们来了，老乡见老乡，两眼泪汪汪。我打算明年回去盖房子，认祖归宗，也好将来落叶归根。我长期经营珠宝，是公司的董事长兼总经理，告诉你们一个秘密，像我手里拿的这个玉镯，其实成本才300元，但标价却上万，甚至好几万。现在照顾老乡就按照成本价给你们。我已经跟服务员讲好了，橱柜里的东西一律按成本价任你们挑。”大家也看在老乡的面上，买了不少东西。受到老板的煽动，也受到其他同志的感染，我们花300元买了一对金戒指。回到广州后，按名片打电话过去，想表示感谢，但总是无人接听，才知道上当受骗了。

时间又过去了两年，侨中的校友聚会地点定在重庆。参加聚会的还是那些熟悉的面孔，不需要互相介绍，一见面大家就寒暄起来。不是耄耋老人，就是古稀之辈，至少已进入耳顺之年，大家都关心彼此的身体状况，问寒问暖，像久别重逢的家人。会议开了一天，海南侨中校长也到场祝贺，感谢校友对母校一直以来的支持。晚上进行轻松的文艺表演，大家都唱熟悉的歌，也有些自编自演的作品，不少是抗战时期的歌曲，仿佛又回到那个战争年代。

翌日到歌乐山参观渣滓洞，缅怀牺牲的革命先烈，告慰他们：中国人民已经站起来了，中华民族已屹立于世界民族之林，再不会让别人欺侮了。至此，在重庆的活动就结束了，校友中有的打道回府，有的在四川继续游山玩水。我和妻报名参加了后面的活动。

我侄儿林尤桐和侄媳易小梅正好在成都工作，就委托他们就近订旅馆，并办理九寨沟和黄龙两日游事宜。旅途劳顿，休息一晚后，我们就乘车前往九寨沟，进门后就坐上管区的游览车观光各个景点。导游介绍说，泰山只有山，桂林只有水，而九寨沟则山水兼收。泰山，我去过，的确有山无水。但桂林呢，我就不敢投赞成票了，因为我没有亲眼验证过，但我也听说过“桂林山水甲天下”，字面上不是既有山又有水吗?

我们来到一个湖畔，湖水清澈见底。我走到湖的另一边，与妻子面对面站着，人家都说天上有一个月亮，水中有一个月亮，月亮走，我也走。我说岸边有一个妻子，水中有一个妻子，岸上的妻子站立着，水中的妻子倒立着，我在行，妻子在跟。一阵微风吹来，荡起一圈圈的涟漪，水中的妻子随之也飘飘然起来。可惜水中没有鱼的影子，要是有鱼游来游去，那肯定比杭州西湖的花港观鱼好看多了。水清无鱼，水浑无人，有一定的科学道理。后来听导游说，湖水含有某种化学成分，不能喝。此湖无鱼，也许是这个原因。再往远处看，水中有山，山外有山，重重叠叠，引人入胜。接着观赏悬崖瀑布，又是另一种景象。高高的悬崖围成半月形，瀑布倾盆而下，有些是水柱，有些是水幕，各有各的风采。瀑布下面是一块长满树丛的小平地，经过长年累月的冲刷，形成了大大小小的水凼，凼与凼之间有小沟相连，最后汇入大沟。

游罢不禁感慨万千：九寨沟水里有山，山上有水，水水相通，山山连绵，相互辉映，名扬天下。真不悔这一游！

第二天游黄龙，车开到半路就下起雪来。很难想象，现在才十一月中旬，在广州还是秋老虎呢。司机很是体贴，了解大家的心情，知道南方人没见过雪，就停下车来让大家欣赏雪景，拍照留念。然天公不作美，到了黄龙脚下又下起雨来，从下往上看，山很高，要走很长一段阶梯，大家都怕路滑摔倒。我本来是想上去的，但妻子没有这个劲头，想着一个人上去也没什么意思，只好与妻子一起“高山仰止”了。用女儿的话说，又是看了一回“白行战斗故事片”。据登山下来的校友介绍，山上风景很美，尤其那个叫什么池的，不管用怎样美的词汇来形容它都不过分，使我顿感遗憾万分。

接着大部分校友又相约畅游长江。妻子曾于上次参加在贵州召开的校友聚会时游过一回长江，旧地重游她不感兴趣，便先于我飞回了广州。

我与余下十几位侨中校友又乘车回到重庆，从重庆坐船去武汉，实现乘船畅游长江的美梦。到达葛洲坝的时候，停船待入闸，等了很久。入闸后又等了一段时间才开闸放行。由于葛洲坝上下水位的落差很大，关下闸开上闸，待闸内外水位持平时船才可以进去。待船都进去了，再关上闸开下闸，待闸内外水位持平时船才可以开走。这个操作过程很平稳，我们在船上没有任何下降的感觉。随江而下，风平浪静，不像海轮那么颠簸摇摆，但也体会不到“两岸猿声啼不住，轻舟已过万重山”的感觉。没有了大三峡，还有小三峡。我们换小船游了小三峡，不一会儿看见一个装扮得像少数民族的姑娘坐在岸边唱歌，我当即拿起摄影机摄影，留下这些美好的时光。一会儿又有一只水鸟从水边飞起并钻入岸上的丛林，不一会儿又从丛林里飞出来，使人有一种猿啼鸟飞的感觉。途经关帝庙已是深夜，我不顾困倦跟着大伙去瞻仰那位扬名古今的大将军。游长江三峡美景，吟诵李白的《白帝下江陵》①。

白帝下江陵

朝辞白帝彩云间，千里江陵一日还。
两岸猿声啼不住，轻舟已过万重山。

斗胆和上一首：

上武汉

午别渝嘉凌江岸，百里平湖晨抵汉。
江边歌声唱不已，小艇竞越千叠峦。

原诗是七言绝句，不敢说音韵平仄都和得工整，只求诗意相近就是了。

夫妻同游祖国的山山水水，感觉十分惬意。然而时值黄昏，来日不多，很多地方还未能如愿，如革命圣地井冈山，有“匡庐奇秀甲天下”之美誉的庐山、曾经的议政中心北戴河、辽阔的大西北，都没有去过，妻子就卧床不起，离开了人世。现在我年事已高，不想独自去游山玩水。说来亦是天大的憾事。

---

① 即《早发白帝城》。

15 旅美随感

拜改革开放所赐，我们夫妻得以几次飞出国门，远赴北美大陆探亲旅游，经历和感受到了不一样的环境和生活。不过第一次的美国之旅却是一波三折，令人感慨万分。

艰难的签证

1996 年夏，二女儿小宁即将在美国亚利桑那大学研究生毕业，应她的邀请，我和妻打算去参加她的毕业典礼，领了护照，便前往美国驻广州总领事馆办签证。第一次面签是 1995 年 10 月 4 日，美国领事问："你女儿毕业后准备干什么?""可能再读博士吧。""那就等博士毕业时再去好了。"首次办签证就碰了一鼻子灰。之后女儿又寄来补充材料，10 月 18 日再去面签，还是不能如愿。我前后一共去了五次，妻去了六次，每次都是领事问什么我们就答什么，没有申辩的权利。最后去的那次，领事说得很明白："我不相信你们去美国后会回来。"我想说几句，刚开口，领事就叫我闭嘴，并傲慢地命令我出去，说："不出去？我叫保安来送你们出去!"

后来为了避免被怀疑有移民倾向，妻就单独一个人去面签，把我留在国内当作“人质”，但还是没有通过。

每次从美国领事馆回来，我们都气得直跺脚，心灰意冷，决心放弃这个奢望，再也不去求美国人了。就这样前后拖了几年。直到1999年2月10日，经不住女儿们的一再劝说，我们再次向美国领事馆递交了申请表。接待我们的是一位亚裔领事，只问了几句话就“意外地”通过了。下午女儿们打来电话询问情况，得知签证办成了都很高兴，大女儿当时正在做饭，兴奋之余竟然把菜都烧焦了。

当时我虽然已经退休，但接受学校返聘还在给学生上课，由于课程的安排暂时抽不开身，未能即时赴美。而妻已退休，赋闲在家，思女心切，我们便商量让她先行前往，可以在那边待久一点。而我则一直等到学期快结束，把期末的考卷安排好，委托其他老师帮忙主考（等我回国后再阅卷），才离穗赴美。

家庭团聚（由左至右：二女婿、二女儿、三女儿、作者、妻子、外孙、大女儿、大女婿）

1999 年 6 月 27 日，我终于踏上了美国国土。我在那里住了三个月（妻住了六个月）。其间女儿们安排了不少旅游项目，到处走走看看，让我们开了不少眼界。

赴美时乘坐的是南方航空公司的班机，晚上九点半起飞，第二天洛杉矶时间下午六点多到达。尽管是第一次乘坐远程飞机，但得到空姐的热情照顾，旅途很是顺利。在赴美之前我就想到，从广州飞往洛杉矶有十四五个钟头的航程，为了消除时差的影响，必须按照目的地的时间安排作息。因此在飞机上我都尽量不睡觉，整晚都在看电视，困了就叫空姐送一杯咖啡，吃一点零食。几个钟头后，空姐也基本上按照目的地时间安排饮食。就这样挨过了漫长的十几个钟头，到达洛杉矶后我最想做的一件事，就是睡觉。好在第二天醒来就与往常一样，已经没有什么时差的感觉了。

女儿曾多次动员我们申请移民办绿卡，但我不想离开生我养我的祖国，只能答应她们如果身体好，就每两年来探望她们一次。1999 年、2001 年和 2003 年都实现了诺言，以后由于妻疾病缠身，未能如愿。尽管如此，我还是在 2008 年和 2013 年代表夫人赴美去看她们，这两次都有外孙作陪，其乐融融，甚至有点乐不思蜀了。

人与狗

有人说，中国老人在美国过的是瘸子（不能以车代步）、聋子（听不懂人家讲的话）、哑巴（不懂外语，难以与人交流）的日子，平时子女都要上班，他们只能把自己“软禁”在家。这是多么可怕的生活描写，可我们并没有这种感觉。大女儿小平居住在华人聚居地洛杉矶，那里有很多华人市场和华人超市，有讲普通话的，也有讲粤语的。其中有一家香港超市离我们住地有半个钟头的步程，另一家大华超市稍远一点，走路大约要

40分钟。国内时兴步行锻炼，专家常说，走路是最好的运动，我们都养成了步行的习惯，于是我们俩经常去超市逛逛，碰到喜欢的也买一点回来，就像国内逛街一样。还有一家洋人超市VONS离我们家近一些，但东西很贵，不适合我们中国人消费，只是偶尔去买一两条全麦面包，顺便利用其内设药房提供的自动量压设备量一量自己的血压。有时也心血来潮去买几注乐透彩票试试运气。

洛杉矶的地形好似丘陵地带，居民住宅有平地而起的，也有围绕着小山丘的山顶、山腰和山底建房子的，这就形成了无数以小山头为特色的自然居民区。大女儿家住在核桃市一个小山坡的半山腰，下面有一个带篮球场的小公园，山顶也有一个带草坪的小公园，每天早上我们都在那里或打太极拳，或打羽毛球，有时也顺着山道在社区里走上一圈，坚持生命在于运动的养生理念。

我们在洛杉矶海边扔石头打水漂，看谁的石头弹跳次数多，漂得远

美国人喜欢养狗，散步途中经常会碰到两类人，一是手牵爱犬的遛狗人，一是手持棍棒的打狗人，当然不是说他们是专门为了打狗，而是为了防卫。于是，早晨的山道有时候就多了一幅狗与人两相对峙的景象。

2001 年的夏天，我们在美国住了半年。有一天我和妻和往常一样去山顶晨练，沿着住家附近的环山车道悠悠漫步。到达山顶的时候正碰上一户人家打开栅门给花草浇水，他家的大黑狗见我们从他家门前走过，就冲出来追着我们狂吠，而主人则无动于衷，没有任何管束的意思。我只好叫妻赶快往前走，我则蹲下佯做捡石头自卫的姿态，且战且退。回到家后还真的有点儿后怕，那是一条狼狗呀，它真的扑上来怎么办？我把这次遭遇说给女儿女婿听，他们也为我们担心，叫我们每次出门都带上一根高尔夫球杆，万一遇险可派上用场。

2008 年夏天，我带外孙去美国度假和探亲，照过去的习惯，早上起来我总要沿着环山车道健步，有时也去山顶公园打太极拳。有一次，当我打拳正聚精会神的时候，一位长者牵着一条大犬来遛弯儿。一到公园他就把套在犬颈上的绳索解下，那犬旋即向我奔来，绕着我狂吠不止，让人毛骨悚然，我不得不再像上次那样做个捡石掷石的架势。说实在的我很怕它，但它也不敢靠近我一步。一个狂吠着要咬人，一个沉着地勇敢应战，双方都装腔作势。僵持了一段时间，遛犬人叽里咕噜说了几句就把绳子套上犬颈拉走了，真是受惊不小，幸亏我没有心脏病。

又有一次，还是那位长者和他的爱犬，表演着同样的节目。这次我有了心理准备，身边放着一根木棍，万一冲上来我会重重地给它当头一棒。尽管它凶狠地绕着我狂吠，我却始终面不改色地操练着金刚捣碓、掩手肱拳、左蹬一跟、右蹬一跟、玉女穿梭、摆脚跌岔等陈氏太极拳刚劲有力的架势，左冲右冲，前推后斩，低腰旋转。虽然我表演得有点黔驴技穷，但它也就是一只装腔作势、来势凶猛的纸老虎。最后还是那位可爱的犬主人乖乖地给它套上犬索把它拉走了。临别时他叽里呱啦地留下几句颇为耐人寻味的话。这次我终于明白了他的意思，尽管他的话语像从机关枪里射出来的子弹，但我仍断断续续听到“…no attack…friendly…”，意思好像是说他的爱犬不是向我攻击，而是表示友好。

其实美国人还是很友善的，也很讲究礼节，走在马路上一照面他们都会跟你打招呼。如果是早晨他们会对你说 Good morning，而且脸上都带着微笑。尽管在同一个国度，但不同地区其招呼语也有所不同，有一次在归国途中顺便游一下檀香山，导游给我们介绍了一句很有趣的招呼口语 Aloha（在英文词典里查不到这个词），说：“檀香山人一见面不说 Hello 而说 Aloha，但一般人在说 Aloha 的时候不能把 lo 拉得很长，说成 Alo—ha，因为这是情人之间打的招呼，或者是向对方示爱的见面语，有“我爱你”的意思。

美国东部游

美国经济、文化发展得最早的是东部地区，至今发展水平依然很高，既有政治中心华盛顿的地位支撑，又有国际大都市纽约相衬托，去美国不到东部一游会是一件遗憾的事。我有幸进行了两次东部游，并踏足了后来在“9·11”惨剧中倒塌的世贸大楼——双子塔。

1999 年首次到美国探亲时，女儿给我们报名参加了东部五日游，所以我有机会走马观花地游览了纽约城区和华盛顿特区，参观了著名的哈佛大学和麻省理工学院，还近距离接触了尼亚加拉大瀑布。

8 月上旬的一天上午，我们乘坐美国联合航空公司的航班从洛杉矶飞往纽约。从飞机上俯瞰美利坚大地，除了落基山脉外，基本是平原，怪不得美国的农业那么发达，百分之三的农业人口养活了百分之百的美国人，而且还有大量的农产品出口，真是得到造物主的偏爱。飞机在云海里穿行，有时看到绿油油的森林、农田，纵横交错的河道；有时看到一簇簇的小城镇，一群群的大城市；有时看到一串串的汽车在高速公路上爬行；但有时什么也看不见，只看到一片白皑皑的云海。经过五个多小时的飞行，飞机降落在纽约三大机场之一的新泽西机场。举着旅行社旗帜的导游在那儿等着我们，核实名单后，很快就把我们送到了酒店。

第二天一大早就正式开始东部游的旅程。上车后导游宣布："大家要遵守时间，在参观途中按规定时间、指定地点集合，别掉队。到时间车就开走，哪一位跟不上就自己打车到下一个旅馆找我，或者打我的电话。"这条纪律很吓人，万一出了事怎么办，在异国他乡，人生地不熟，语言不通，寸步难行。于是，每次集合大家都提前到达，没有掉队的现象。

第一站，纽约城区。

在纽约一家酒店休息了一晚，早上起来匆匆忙忙吃完早餐，我们就赶紧上车去世贸中心参观闻名遐迩的双子塔了。当时的双子塔可说是世界上最高的建筑物。导游说参观世贸大楼要趁早，去晚了人多。到达目的地后导游去买票，我们排队，不一会儿我们就进了其中的一栋，乘电梯上到最高层。可惜当时正下雨，只能俯瞰近景，眺望远处全是灰蒙蒙的一片。在参观平台上放置着几台望远镜，投进一美元硬币就可使用，但由于灰霾天气，没人有兴趣用它，倒成了摆设。在高楼上看不到纽约全貌，最后大家只好懊丧地跟着人群下楼，继续前往下一站。不过现在回想起来，虽然当时不能在丽日蓝天下鸟瞰纽约全貌，觉得十分遗憾，但我们曾经到此一游，已算是万幸了。时隔两年，在"9·11"恐怖事件中，那两座高耸入云的大楼被夷为平地，想来十分痛心遗憾。连我的两个女儿都十分羡慕我们，她们永远没有机会去游览原来的双子塔了。

从世贸中心出来后，我们接着去参观世界最大的证券交易市场——纽约证券交易所，遗憾的是没能进去参观，只是在它的招牌下照相留念，表示我们曾经来过这里。倒是交易所前面不远的那座牛雕像吸引了大家，我们纷纷围上去参观。这个摸摸牛角，那个摸摸牛屁股，祈望碰上牛市好行情，带来好运。

不一会儿又要上路，去参观自由女神像了。自由女神像坐落在一个湖心小岛上。车到码头后，我们就乘船去自由女神岛，在船上，我们从不同的角度欣赏着自由女神的英姿和风采。下船后，又在岛上各个方位仰望她的神貌。她面向大海，象征着维护美国的自由，保卫着美国人民的幸福生活。导游说，这是资产阶级革命先行者法国为美国独立送来的纪念品，在法国制作部件，用船运到这里组装完成。从此美国一步一步成为自由世界的领头羊，学生超过了先生。我们在大学里教书也是这样，总希望学生超越自己。一代超过一代，是人类不断进步的表现。担心学生超过自己的就不是一个好老师，其心态必然导致教一手留一手，怕教会徒弟饿死师傅，不尽力去教会学生，引导其前进。

向自由女神告别后，我们驱车去了时代广场。可以说，那里是纽约的经济文化圣地，但人群拥挤，需要摩肩接踵地往前挪步，不禁使我的游兴黯然低落，无心欣赏。不久就回酒店休息，养足精神，准备下一天的旅程。

第二站，华盛顿特区。

华盛顿特区是美国首都。车子途经费城的时候，导游介绍说，费城原来是美国的首都，后来迁都到华盛顿，费城遂被废弃。费城的英文名叫 Philadelphia，导游开玩笑说，它的中文应该翻译为“废城”，是“被废弃”的都市，而不是“花费”的城市。可惜我们没有时间去目睹那个废都，考究它的来龙去脉。

到了华盛顿特区，我们首先停留在白宫广场和总统府，观看其全貌，又到总统经常发表演讲的草坪处照相留念。很多团友还到华盛顿塔前留影，但当时它正在维修，塔的四周都搭起脚手架，很煞风景。据导游介绍，美国人也很讲究堪舆术，华盛顿塔、总统府、白宫和水凼都是南北向，连成一条直线，很像北京的毛泽东纪念馆、烈士纪念碑、天安门、故宫和景山公园连成一线一样。这恐怕不是巧合吧。对于林肯纪念馆，我也一览而过，没有细看。最后来到朝鲜战争（美国人叫韩战）纪念碑，这是一座黑色的花岗岩纪念墙。墙的前面是十九个荷枪实弹的美国兵。导游说："你们数一数，有几个美国兵？""一、二、三、四、五……十九，十九个。"大家都异口同声报数十九个。导游说："不对，你们再数一遍。""数来数去，还是十九个。"最后导游解了谜："你们看，墙的后面还有十九个，一共三十八个。"啊，原来，纪念墙的花岗岩是磨光的，因此将塑像群映射在墙上，便成了三十八个美国兵，如果将这堵墙看作三八线的话，其中十九个在三八线以南，十九个在三八线以北。在三八线以南是实的，三八线以北是虚的。十九这个数字绝不是随意的，它通过巧妙的设计，充分表达了设计者的心态，更反映了美国当权者的意愿。

2013 年我和外孙去美国探亲，二女儿小宁全家又带我们去东部游，在纽约和华盛顿都住了几个晚上，除了享受豪华酒店的服务外，没什么新鲜事儿。不过，这是自己安排的逍遥游，比较轻松，走到哪里看到哪里，不受任何约束。

这次最大的收获是参观了财政部的印钞厂。厂里工人们正在印钞、裁切，供给财政部弥补财政赤字。其实当今流行电子货币，电子转账，信用卡付款，用不了那么多现钞。美元作为世界结算货币、支付手段，只是在银行间过账，没有必要运送大量的黄金、美钞。要解决财政赤字，由国会通过提高赤字额度就行了，实际也是这样。所以印钞厂的工人也不是忙得不可开交。这并不等于美国财政赤字问题已经解决，而是由于电子货币的盛行掩盖了它的实质。

第三站，尼亚加拉大瀑布。

游览了华盛顿特区后，驱车到一个叫不出名字的小城市过夜，第二天的目标就是尼亚加拉大瀑布。由于路途比较远，要早睡早起。大家都按照导游的安排，第二天一早就把行李带上车，直奔大瀑布。

据介绍，尼亚加拉大瀑布是位于美国纽约州和加拿大安大略省之间的世界第一大跨国大瀑布，是尼亚加拉河的水流到此处遇到悬崖一泻而下形成的，平均流量每秒2 407 立方米，其中在美国仅占 6%，而在加拿大占了 94%。落差在美国是 52 米，在加拿大是 58 米；宽度在美国是 23 米，在加拿大是 792 米。所以就整体来说，加拿大瀑布（也叫马蹄瀑布，因为它像马蹄形）是一个整体，而美国瀑布只是冰山一角。在这里我们只能看到它的侧面。经过长年累月飞瀑的冲击和洗刷，这里形成了一条长 7 千米的峡谷，汹涌澎湃，富有生气，令人惊叹不已。接着导游带我们上船，从底下往上看，瀑布仿佛从天而降，把银河甘露洒满人间。晚上再去欣赏又是另一番景象了，在灯光的照耀下瀑布成了一台银幕，锣鼓喧天，就等着好戏开场呢。可惜，我们没有办加拿大签证，欣赏不了它的全貌。据专家考究，尼亚加拉大瀑布形成于一万年以前的冰河时期，有两种说法：一种认为当时北美洲的五大湖开始形成，尼亚加拉河经地形地貌的侵蚀，造成一个河床大洞，最后演变成落差五十多米的大瀑布；另一种则认为，瀑布是山谷的前身，后经河流冲刷便将山谷逐步演变成落差五十多米的大瀑布。

第四站，哈佛大学和麻省理工学院。

在尼亚加拉的酒店休息一晚后，我们便乘车东行，这一站是去参观哈佛大学。令我惊讶的是，跟我们国内大学不同，它的名气虽然很大，但没有一个雄伟的大门，只是在一个不怎么显眼的门楼上雕塑着一只猪的头像，导游问我们：“哈佛大学的门楼上为什么雕一只猪的头像，你们知道吗?”谁都无法回答。

最后还是导游解答："这象征着哈佛大学的教育思想和教育水平，它可以把一个猪头猪脑的人培养成才。""啊，他们可以把小树苗培育成参天大树，但能把一群蘑菇培养成灌木林吗?"有个团友问。"这个……"导游答不上，显得很狼狈。接着我们参观了校园，看了一些布告栏、广告栏之类。当时正值学校放假，校园很是寂静。看到一张关于游泳的布告，导游故作认真地说："我以前曾在哈佛念书，功课也很好，但就是没有拿到毕业证书，你们知道为什么吗?"这又是一道难题，最后还是他自己解答："因为哈佛很注重游泳这门功课，不及格不得毕业，因为我的游泳技术很差，沉下去就起不来。"我们都把导游的说法当作笑料，可信度不高，不过至今我也不清楚他是否真的曾经读过哈佛大学。

参观完哈佛大学后，我们又来到了麻省理工学院，不过只是在门口看了一下它的门牌。有些团友还在那里拍照留念，装模作样地扮作麻省理工学院的学生，或者麻省理工学院的教授。我对此不感兴趣，所以并没拍照。

第五站，大西洋海岸。

在麻省理工学院门前一闪而过，就乘车来到了大西洋。那里有一个大赌场，导游跟我们开玩笑："晚上谁赌赢了报个数，我们要收10%的小费。""要是赌输了呢，你会给予10%的补偿吗?""后果自负。"我们吃完晚饭后，无所事事，就去赌场逛了一圈。哇！真大啊，堪比拉斯维加斯。

翌日，我们开始游大西洋海滩，与洛杉矶的长滩一样，男男女女身着泳装，或趴或仰躺在沙滩上晒太阳，这是美国的一道风景线，难怪他们很多人的皮肤都晒得黝黑黝黑的。但上了年纪的人却满身的斑斑点点，与我们所说的老人斑有明显的区别，也许是年轻时晒太阳留下的标志吧。

随后，导游带我们去吃波士顿龙虾。据介绍，由于波士顿水流湍急，龙虾肉实味美，吃上一餐才不枉此行。我们两人花

6.5 美元点了一只清蒸龙虾，的确很好吃。但以前没有吃过这类食品，与其他地方的龙虾比较起来其味美在什么地方，也说不出一个所以然。吃饱之后就前往机场，打道回府。事后有点后悔，没有给女儿捎一只波士顿龙虾回来，导游没有提醒，我们也不知道可不可以外卖。

晚上经印第安纳转机飞回洛杉矶，我在飞机上打开遮光板往上看，只见满天星斗，很是漂亮；往下面的远处看，则是漫山遍野的萤火虫一闪一闪地发出亮光。飞机在下降，不一会儿天上的星星不知道躲藏到哪里去了，地面的萤火虫也变成了万家灯火。就这样，我们结束了五天难忘的行程。

这次美国东部游给我留下了许多美好的记忆，也给我留下了深刻的体会：第一，物有所值，五天游了那么多地方，要是在国内，这是无法想象的；第二，美国没有零费团队，因此，导游也不会带游客购物从而拿回扣；第三，明码标价，一上车导游就宣布，旅行社给导游和司机的基本工资很低，要靠收取小费补充，每人每天五元，当然你们满意也可以多给；第四，时间安排得很紧凑，白天不是在景点，就是在奔驰的车上，同一家旅馆不会连续住上两晚，因此每天早上都要把行李带上车。第五，参团旅游并不是想象中的那么休闲，这种旅游方式对耄耋老人、孕妇是不适宜的，人们把它形容为赶鸭式旅游。小时候经常看到鸭农在割稻时把鸭赶到田里捡吃掉在地上的谷粒，一畦田一畦田地赶，乃至有些鸭子把蛋落在田里，过后我们小孩就去捡蛋。虽然那时我已进入暮年，但身体还很棒，体力上还能应付。不过，最难受的是，长期以来养成午睡的习惯，中午吃完饭后就犯困，车一颠簸就打瞌睡。能睡得着也好，但又怕司机来个急刹车，撞个头破血流。因此中午总是在迷迷糊糊中度过。第六，导游说话很风趣，既幽默又诙谐，让人在欢声笑语中增长见识。我们在旅途中经常看到尖顶的天主教堂，导游问：“天主教堂为什么总是建成尖顶，你们谁知道?”“为了防止严冬积雪，压垮房子呗。”“不对。南方没有雪，天主教堂也是尖顶的。”“那是防雷呗。”“也不对。”……好久都没有人能说出导游心中的答案。“我告诉你们，”导游开始答题了，“屋顶越高离上帝越近，屋顶越尖就越高。”“啊，原来如此。”有人恍然大悟。导游又问：“中国人逢年过节总要烧香，你们知道这是为什么吗?”这是我们司空见惯了的事情，但大家都只知其然，不知其所以然，无法回答。导游又说：“这是向先人放出信号，请回家过节呢。”有一次途经新泽西州府，路边一处高墙后有一排排鳞次栉比的房子，导游指着说：“那是一个免费吃住的地方。你们知道是什么吗?”我立即回答：“那一定是牢房。”“你怎么知道的?”“报纸上经常登，美国有人实在生活不下去就在众目睽睽之下抢劫，让警察送去监禁吃闲饭。”“你们可不要去，那可不是好玩的地方哦。”

美国西部游

1999 年，美国东部游回来以后，我们又马不停蹄地去参观了大峡谷。女儿女婿带上刚出生不久的外孙，开着新买的面包车，走了六个钟头，先到凤凰城看望二女儿，捎上她一同前往。

科罗拉多大峡谷，乍一看深深的谷底长满了树，谷沟逶迤，像是一条河，但又没有流水；又像是一条林带，但又不起防护风暴的作用。其色彩斑斓，峭壁险峻，边上都竖着铁栅栏，防止游人掉下去。因此我们只能在栅外欣赏它的奇观，照相也有铁栅栏做背景。令人费解的是，谷深平均 1 200 米，竟无积水，未成水凼。据介绍，大峡谷的长度绵延 446 千米，宽度 0.5 ~ 29 千米，早期就已经有美洲印第安人在那里定居。据考察，科罗拉多大峡谷是由科罗拉多河经过数百万年冲蚀形成的，于 1540 年被西班牙人发现。19 世纪 70 年代美国陆军少校率领一支考察队前往考察，将谷中的沉积岩层形容为“一本巨型小说中的书页”。

2001 年，我们第二次去美国探亲。经二女儿小宁和女婿雷友诚的安排，我们参观游览了美国第一个国家公园——黄石国家公园，它位于怀俄明、蒙大拿和爱达荷三州的交界处，其中大部分在怀俄明州。1872 年经国会通过，将黄石公园建成美国第一个国家公园，也是世界上第一个国家公园。黄石公园占地约8 983平方千米，布满湖泊、峡谷、河流和山脉，其中位于黄石火山中心的黄石湖以高海拔湖泊闻名天下。我们驱车向黄石湖的方向开去，半路受到了一群野牛（样子很像云南的犀牛）的夹道欢迎。由于它们太热情，把车道都堵死了，车队堵成一条长龙，但谁都没有按喇叭驱赶，很有绅士风度。同时，野牛也很懂规矩，不一会儿它们就躲到路边，目送客人离开。当我写到这里的时候，收到大女儿小平从网上发来的材料，得知除了野牛外，黄石公园还有为数众多的哺乳动物、鸟类、鱼类和各种爬行动物，如灰熊、狼、加拿大野鹿（麋鹿）和前面看到的野牛，还有多种濒危物种或受威胁物种，总计多达数百种。可惜来去匆匆，除野牛和后来看到的麋鹿外并没有看到其他动物，广袤的森林和草原中生长着多种独特的植物。在此，我得感谢女儿丰富了我的自然知识。

我们驱车来到老忠实喷泉，因为它总是间隔 60 ~ 65 分钟才喷发一次，我们只好耐心地等待着它的喷发。啊！真壮观，水柱很强劲，冲得老高老高的，持续了四分钟。据说这是世界上海拔最高的火山喷泉。

因此，黄石国家公园是著名的旅游胜地，是远足、露宿、划船、钓鱼和观光游览等休闲活动的好去处。但由于公园实在太大，徒步漫游是不适合的，我们从洛杉矶，女儿女婿从亚利桑那飞到盐城后就租了一部小车开进公园游玩，沿着园内公路观看地热、沼泽地里的火山泥浆、湖泊等等，哪里有好景就停下来欣赏、拍照留影。给我印象最深的是，公园内到处冒烟，充满雾气，像刚刚停火的战场，烟雾缭绕；沼泽地里的火山泥浆时不时凸出一个个浆泡，像煮糨糊一样。此时不是冬天，听说冬天还可以在公园内乘坐雪地摩托车参观游览。

黄石公园尤以黄石火山闻名天下，地热、沼泽地都与它有关。这是北美最大，同时还处于活跃期的超级火山，在过去的两百万年中曾爆发数次巨大能量的活火山，所喷出的熔岩和火山灰覆盖了整个公园。

我们在黄石公园玩了几天后，又回到盐湖城，探望了女婿的亲戚朋友，然后飞回他们的居住地图森。在飞机上俯瞰大地，当看到灰白的一片，间或有簇居民房，房屋的周围点缀些许绿色的树木，说明我们已进入亚利桑那州的辖区，因为那是沙漠地带的景象。

到二女儿家住下来后，他们又利用休息日带我们到位于威尔科克斯的安尼苹果园品尝苹果。那里的果农真会做生意，进门免费，出门交钱。水果随便摘，你能吃多少就吃多少，吃了的权当广告费，买走的是一笔较大的交易，顾客那么老远开车来都会多买些回去，这样比自己到外头推销省事得多。

在图森，我们也参观了那里的森林公园。在沙漠地带还有这样一片森林，也许那里原来是山清水秀，后来被沙漠化了；或许原本是沙漠地带，后经地形地貌的变迁形成了林区。在通往森林公园的路上也不乏一些灌木丛，但漫山遍野都长着仙人鞭、仙人掌和仙人球之类的植物，尤其是仙人鞭到处可见，仙人鞭是受国家法律保护的植物，大多数比人高，满身长刺。听说它就靠刺吸收空气中的水分，也靠刺起着光合作用。早晨若仔细观察，可在刺的尖顶看到有水珠。

在美国过节

2001 年，我们想去美国过圣诞节和新年，感受一下他们的节日气氛，遂选择九月出行。到了美国以后才知道，这段时间美国的节日还真多。

首先是10月31日的万圣节（Halloween），即鬼节。此时超市里大量供应大南瓜，甚至路边也搭起了临时摊点摆卖，大都是买去做鬼脸的。我女儿虽然没有买南瓜做装饰，但也像家家户户那样买了一些糖果之类的东西。开始的时候我很纳闷，心想在中国凡是逢年过节置些佳肴美点供奉祖先，以示后人对先人的缅怀和孝敬，那么在美国过鬼节买那么多糖果干什么呢？

晚上八九点钟的时候，“叮咚”一声，门铃响了。大女儿站起来向大门处走去，边走边说：“鬼来了！”开门一看，只见几个化妆成各种鬼脸的小朋友在大人的陪同下，站在门外，每人手里拿着各式各样的小篮子、小袋子，嘴里叫着：“不款待就捣乱。”（Trick or Treat），女儿马上一把一把地抓起准备好的糖果往他们的篮子和袋子里放，然后他们就满意地道了谢，安静地离开了，继续挨家挨户地“不款待就捣乱”去了。听说这样一个晚上下来，孩子们都会满载而归，可以拿回好几斤的糖果呢。

有些家长还会带孩子到各大购物商场去进行这样的活动。听女儿说，有一年她带我的外孙前往，外孙得到很多糖果，可是女儿只让他吃一粒，开始他也表示同意。等到吃完了以后，他又想再吃一粒，女儿不答应，外孙就有点闷闷不乐，拎着他讨来的那袋糖果继续跟着女儿走，走着走着，他突然问：“糖果不能吃，那么我们拿那么多干什么呢？”女儿听了一愣，无言以对。

每年十一月的第四个星期四是感恩节（Thanksgiving Day），它是美国人传统的合家团圆的大节日，政府机关和大多数公司商场都会放两天假，加上周六和周日，一共有四天的假期。很多身在外地的子女都会趁这个节日回到父母家与他们团聚。在这个节日里，家家户户都会以烤火鸡大餐来庆祝。女儿不喜欢火鸡，就以鸡替代，再加上其他食品，很是丰盛，真像我们的年夜饭。

到了十二月，圣诞节和元旦接踵而至。12 月 24 日圣诞节的前一天晚上是平安夜，与我们春节的除夕夜差不多，各家各户不但准备了圣诞大餐，而且到处张灯结彩，热闹非凡。我女婿买了一棵塑料做的圣诞树摆在客厅，在树上挂满各种各样的小饰品，并点缀着五颜六色的彩灯，树下堆满了大大小小、五彩缤纷的礼品盒。屋外也挂上了令人眼花缭乱的节日灯饰，很有节日气氛。跟我们的春节一样，最高兴的是小朋友，因为他们会收到很多各种各样的圣诞节礼物。圣诞大餐后，我们就坐在圣诞树下看外孙拆礼物，二姨送的小脚踏车是那年他最喜欢的礼物了，高兴得手舞足蹈。我们不懂买礼物，就像中国人过年那样给了他两个红包。

跟我们正月十五游花灯一样，美国也很兴游花灯。不过美国闹花灯的时间比我们的长，从感恩节一直延续到元旦。圣诞节的晚上，女婿开车带我们到洛杉矶最大的公园——格里斐斯公园（Griffith Park）看圣诞灯饰，车子绕着弯沿山路缓缓行进，路两旁点缀着各种各样主题的灯饰，明暗不一，错落有致，生龙活虎，美不胜收。除了各种卡通人物故事和历史典故以外，给我印象最深的要数著名的历史人物，如美国第一任总统华盛顿的塑像，栩栩如生，难以忘怀。

与圣诞节相比，新年的气氛倒是冷清多了。元旦通常是节日的最后一天，第二天很多学校就要开学了，大人该上班的也要上班去。所以，除了 12 月 31 日晚上大家还会聚在一起守岁，看着电视里时代广场上的大球徐徐降落，跟着倒数计时以外，元旦当天大部分的家庭都会在劳动中度过。他们要把挂在屋外房子上的彩灯卸下来，把屋里的各种节日装饰装箱收好，留待明年再用，有新鲜圣诞树的人家还要把树送到回收站。

我们在洛杉矶过春节

那一年的新年还有件事值得一提。每年元旦洛杉矶地区的玫瑰碗（Rose Bowl）都会有玫瑰花车游行，虽然没到现场，但我们也在电视里观看了实况转播。第二天，那些花车陈列在那里供民众观赏。女儿女婿也带着我们去凑了热闹，走在熙熙攘攘的人群中，我们欣赏了各种各样用鲜花做成的花车，五彩纷呈，叹为观止，让我们大开眼界。

对于美国人来说，时代广场大球落地之时就是大家散席之时，新年过后就各奔东西了。

然而，对于中国人来讲，一个接一个的节日还没有完，农历春节马上就要到了。这个被美国人称作中国年（Chinese New Year）的节日，一般都无假可放，也没有什么庆祝活动，但人人都知道这是中国的重要节日，尤其是在华人聚居的地方，还是能感受到浓浓的节日气氛。在各家华人超市里，到处张灯结彩，各式年货应有尽有，店里还整天播放着“恭喜你”“财神到”等新年音乐。据说唐人街还有舞龙、舞狮、花灯表演。春节期间，每当我们走在马路上遇到洋人时，他们都会用一句“Happy New Year”（新年好）来跟我们打招呼呢。

16　暮年闲步沪苏杭

2014 年 7 月 1 日，女儿林尤宁带外孙雷真真从美国回来，吃了中午饭又马不停蹄地直奔上海，连时差都顾不上调整。这次沪苏杭逍遥游是她们事前计划好了的，趁我身骨硬朗还能到处走动，就把我也带去了。一方面让我开开眼界，看看作为国际大都市的上海和被誉为人间天堂的苏杭的巨大变化；另一方面又考验一下我的身体是不是如想象中的那么好，能不能跟她们年轻人一起奔波。

这次旅游住的是高级饭店 Marriott，听说它是在世界上排名第四的国际连锁酒店。不用付钱，只是扣除信用卡的积分，我们三代人分别在上海、苏州、杭州一共住了八个晚上，消费了七万多点积分。要是用现金支付，我一定会心痛的。

酒店的设施和服务质量的确是一流的，给人一种到家了的温馨感觉。刚到门口就有人上来帮拉行李，自动门开启，进门后又递上一杯柠檬水，品尝免费月饼。这正好满足长途劳顿后身体补充能量的需要。登记入住手续用不了几分钟就很快搞定。进入电梯后必须把门卡插到条状的槽里再按楼层号，电梯才为你服务，这是现代化的安全措施。

去上海之前，女儿告诉我在那家高级饭店里有游泳池，要带游泳裤去备用，否则会后悔的。入住后，外孙女的游泳兴趣正浓，马上做了入池的准备，我本来也想去看看，奈何实在太累了，就在床上躺下休息一会儿，让她们母女俩去。第二天，女儿有点事，叫我陪外孙女去游泳，我遂在池边坐着看她的一举一动，自由泳、蛙泳、仰泳都有模有样，但蝶泳就不行了。毕竟才11岁的小女孩，能达到这个水平已经是不错的了。但令我感到遗憾的是，游泳池的房间是密封的，消毒水的气味十分难闻，有一种令人窒息的感觉。从此以后，我就不再靠近室内游泳池一步，更谈不上进池游泳了。

20世纪70年代以前，由于参加上海服装交易会，我曾多次到过上海，曾住过锦江饭店、和平饭店、上海大厦和浦江大厦，但与今天比较起来，的确今非昔比，除入住的饭店不说外，其他观瞻方面的变化也大有可陈。记得以前上海服装交易会曾安排我们乘大巴通过过江隧道到黄浦江东边游览，那时浦东还是未开发的处女地，如今则高楼群起矗立。尤其是作为上海市标的东方明珠塔高耸入云，从远处看像个葫芦箫，倚仗三条钢腿支撑傲立于浦东大地，向世界播放着和谐的天籁之音。尤其是晚上从对岸的外滩眺望，在东西两岸万紫千红的彩灯陪衬下，东方明珠塔像个冉冉东升的热气球，带着十四亿人民的期盼向蟾宫奔去。江中游轮驶过，又引起外滩游客的一阵骚动。“哇，快!”喊声不断，谁不想在这瞬间争个好位置留个纪念？上海市政府想得真周到，在外滩堤坝上建起了一条又宽又长的观光平台，让市民和游客可以逍遥自在地欣赏这迷人的景色。回想起过去，那里只是一条狭窄的河滨路，经常是人头攒动，肩擦肩、脚碰脚的。

这个宽阔的观光平台前面矗立着一座上海市第一任市长陈毅的塑像，饮水不忘挖井人，它使我们在享受人间美景的同时也缅怀陈毅同志的丰功伟绩，我不禁向他虔诚地鞠了一躬。

当我走进东方明珠塔的时候，心情十分激动，我要乘热气球飞天了。电梯把我们直接送到最高的观光层，在那里俯瞰，生机盎然的上海尽收眼底。遗憾的是时逢小雨，云雾挡住了我的视线，影响了我的视野，否则感慨会更多。真想等雨过天晴再走，但此时的我是属于旅游团队，不属于我自己，下塔集合的时间是硬性规定的，实在是身不由己。幸运的是，东方明珠塔有一级悬空层，用玻璃板铺成，在上面行走宛如高空漫步，这对有恐高症的人来说是十分可怕的，心脏病患者更不能享受，我趁机在那里做了几个富有纪念意义的动作，其中最满意的是两掌着地的拉筋运动和陈式太极拳老架一路的摆脚跌岔，特别是拉筋运动，是不是宛如由高空向下俯冲的样子呢？

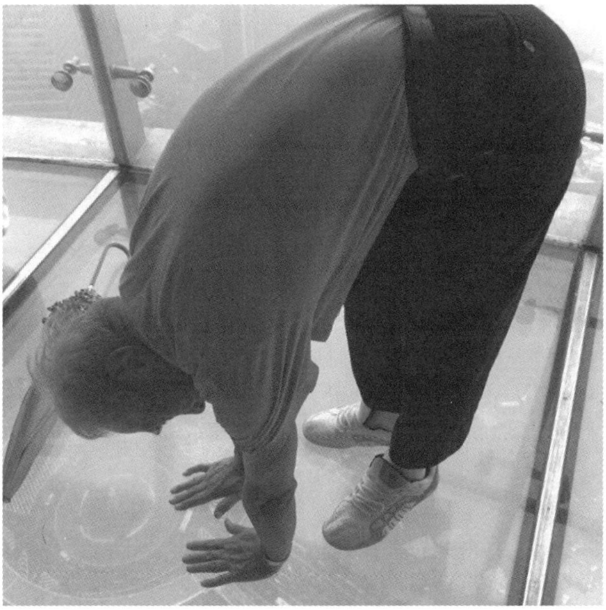

拉筋运动

跟着人群绕了一圈悬空层后，我们来到上海历史陈列馆，了解了上海的地容地貌、风土人情、经济命脉、政治制度的发展演变过程，想想上海最终成为令人向往的东方明珠的确不容易。

陈式太极拳

接着我们又坐上豪华游轮畅游黄浦江，一座座的高楼矗立在两岸：西边有很多古典式的高楼建筑，东边布满各有特色的采云楼，各有各的英姿和风采，真让人一饱眼福。

下船后，我们又驱车上了黄浦第一桥。桥很高，绕了一个大圈才下到地面，很快就进入古老繁华的商业区——豫园，在大家都饥肠辘辘时进了一家湖南饭馆，品尝了辣味，填饱了肚子。

当我们信步到一家艺术照相馆时，我们被一些艺术照片的广告吸引住了。外孙女也凑热闹照了两张，一张是打扮成大家闺秀坐在黄包车上过上海白渡桥，另一张是打扮成大家闺秀在家里接听电话。价格不菲，两张照片花了220元。不过留给她今后在人生路上慢慢欣赏也是有价值的。

现在上海的公共交通很发达，这与20世纪70年代相比简直是天壤之别，由此可见我国的发展速度。曾经我从和平饭店出来，到外滩乘公共汽车去火车站，车还没到人已挤成一堆了。现在地面地下立体公交纵横交错，很是方便，单拿地铁来说就有二十几条线路。

人人都说，上有天堂，下有苏杭。结束了上海的旅程，我们就乘坐高铁直奔苏州，欣赏一下人间天堂的美景。在苏州我们住的是Marriott连锁企业的万豪酒店，它比上海的万怡酒店还要高级，设施更豪华，游泳池也很大，可惜吾辈无心享受如此豪华的生活条件，论过日子还是粗茶淡饭来得更为实在些吧。

苏州的名胜古迹很多，至今被列入世界遗产名录的就有四个：拙政园、留园、狮子林和网师园。据导游介绍，拙政园始建于明正德初年（16 世纪初），至今已有 500 多年的历史，是苏州现存的最大的古典园林，占地 78 亩，布局呈南北窄、东西宽的特点，尤以水景为胜，突出江南水乡的风貌。各式古典建筑临水而起，错落有致，无一雷同。如今，亭台楼阁完好无损，水凼小路面貌依旧。听说，电视剧《红楼梦》里黛玉葬花的镜头就是在这里拍的。

游览苏州，最令我叹为观止乃至流连忘返的是其中浓郁的水乡风情。苏州是京杭大运河的流经之地，据介绍，苏州近一半的货运靠水路来承担，可见水路是苏州的交通大动脉。依仗大运河水网布满全市，形成名副其实的水乡。一条小渠就是一条水街，渠渠相通，又与大运河相连，由此形成富有特色的水上街市。据说以前这里家家户户都有船，要买东西就撑船去找供货的铺面，卖货的也可以船代劳，划船到处叫卖，这对居民来讲，日常生活是很方便的。我想，将苏州称为“水城”比叫做“水乡”更符合实际。导游带我们上了一条观光船，体验一下水上人家的生活情趣。船在河街上穿梭（在这里我把它称为“河街”而不叫做“河道”，因为它既是河又是街，不仅仅是水道），驶过几个交叉河口，就像过交叉路口一样。我们缓缓地行在河街上，两岸垂柳拂动，与河中的倒影相映照，与高楼林立的珠江两岸比较起来又是另一道风景线，实在是既雅又美。在现代化的高楼大厦包围下，有这么一处雅致幽静的场所实在是一件幸福的事情。

接着我们来到了虎丘，它有“吴中第一名胜”的美誉，追本溯源已有2 500多年的悠久历史。虎丘的美景也很多，云岩寺塔、千人石、虎丘剑池、点头石、试剑石和断梁殿等都值得参观。这不禁令人想起宋代大诗人苏东坡的一句话：“到苏州不游虎丘，乃憾事也！”可天公不作美，当我们游兴正浓时却下起了小雨，只好乘观光车上到山顶，在那里仰望虎丘斜塔，其整体结构、建造艺术、历史沿革及其倾斜度足可与意大利的比萨斜塔相媲美，被称为“中国的比萨斜塔”。

如果对中国国粹感兴趣的话，到了苏州就一定要参观唐寅园。那是中国明代著名的文学家和书画家唐伯虎的旧居，可在此了解到他的平生事迹。在参观的过程中，我们不知不觉就被导游带到了唐伯虎雅斋，一进门就看到一位四十开外的素装后生在那里看书，经导游小姐介绍才知道他是唐伯虎的传人。是不是很有才华就看看他的当场表现吧，女儿提笔写上外孙女名“雷真真”三个字，他稍加思索，当众提笔在宣纸上写下了一首诗，从右到左每句的第一个字连起来就是“雷真真雅”，我把它当作本诗的题目，诗的全文如下：

雷真真雅

雷宇书图用心绘，
真心恒志丹凤翔，
真情励学才德美，
雅静慧修赋锦章。

看样子这位诗人成诗之快堪比曹植的七步。俗话说，台上一分钟，台下十年功。经网上一查，才知道他的大名叫王涛，字淘琴，1970 年出生，9 岁开始学习书画，并于 1993 年就读于广州美术学院，2009 年又去清华大学美术学院当代艺术高研班深造，师从中国著名艺术家周彦生、霍春阳、程大利、陈振廉和石开等名师。现为中国书画研究院艺委会成员、汉诗协会会员，任唐伯虎书画院书画家。几分钟的工夫就成就了一幅诗画，让其购买者花费了 400 元，价目可不低。大家都说他们真会利用名人效应发展地方经济，这比带团去采购商品强多了：花了钱的，高高兴兴地离开，400 元的确是个不小的数目，但得到的是无价之宝，有着永久性的纪念意义；陪着花钱的，也长了见识，何乐而不为？

《雷真真雅》诗作

当大家都沉醉在这美好园景的时候，导游带我们去参观“丝绸之路”。我以为又要参观什么历史古迹，一进门就看到茧工把泡在水里的茧子掰开，取出蚕蛹，然后把空茧子抻开老大老大的薄薄一片，随即将其套到一个竹圈子上。转身又将丝棉被撑开拉出几条长长的细丝，然后又将其恢复原状，意思是向我们展示他们卖的东西是真材实料，可价格奇高，最便宜的也要好几百元一床，贵的甚至上万，乍一看似有宰客的感觉。导游看到大家都没有购买的兴趣就让我们自由参观游览了。但那里像迷宫一样，要出去只能向着“出口”或“Exit”指引的方向走，这条路径设计得很精巧，我们都要顺着商品柜台左转右拐地向前迈。当我出来的时候，已经前前后后享受了所有售货小姐的点头微笑和甜蜜的问候：“您好！”她们有的是卖丝绸等各种床上用品的，有的是卖各种服装鞋类的，有的是卖各类茶叶食品的，有的是卖金银珠宝之类饰品的，不一而足。尽管售货员小姐很热情，商品也琳琅满目，但都未能激发大家的购买欲，出来时每个人都是两手空空的，唉声连天。当我走出迷宫后，回头再看其牌楼，“丝绸之路”的匾牌再现眼前，遂有一种莫名的上当受骗的感觉。

游罢苏州游杭州。杭州有2 000多年的悠久历史，是我国八大古都之一，其名胜以西湖为首，拥有三面云山、一水抱城的山光水色，以“淡妆浓抹总相宜”的自然风光传承至今，情系天下众生。人文景观丰富多彩，如苏堤春晓、平湖秋月、灵隐寺、六和塔等闻名遐迩。文人落墨，史迹、诗篇、书画更显出杭州的景观史貌。

我们一行三人于7月7日来到苏州东站乘坐高铁直奔杭州，入住杭州万怡酒店，其设施条件比苏州的万豪酒店稍微逊色一些，与上海的万怡酒店处于同一个档次。

在杭州，接待我们的是一家未闻其名的旅行社，跟苏州的旅行社一样，七点半就派车来酒店接我们，让初来乍到的我们万分感激。回想起在上海，旅行社指定我们在什么时间什么地点集合，人生地不熟的要找到某个确定地点，其难度可想而知，杭州和苏州的旅行社想得真周到。尤其是杭州的旅行社，虽然参团的只有我们一家三口，旅行社也照样出团，其信誉令人钦佩。但也许因为人数过少，导游导起来没劲，只是跟我女儿低声细语几句，有点耳背的我只能跟着走，完全听不见。听不见也罢，反正以前曾来过，现在就算旧地重游好了。刚走了大约一百米，来到一个亭子旁导游就让我们自由参观，并指定九点回到原地点会面。我们随着人群游览了花港观鱼、三潭印月、荷花池，不知不觉中过了几座小桥，踩过几条小径后，转得晕头转向，找不到导游指定的地点。问了行人有的指左，有的指右，使得我们无所适从。条条道路通北京，也许他们说的都对，去北京，可以路经武汉，也可路过上海，更可取道成都、重庆，只要你有的是时间和金钱就行了。导游规定的集合时间到了，导游来了电话问我们在哪里，可人生地不熟的也无法告知其具体方位，最后才在另一个团队的导游指引下走捷径到了指定地点。我们绕来绕去，绕得很不耐烦，导游也等得很焦急。会面后带我们走了一段游览线路再次让我们自行游览，好在这次指定的集合地点是一个码头，比较好找。在那里他带我们上船，游了西湖，在湖面上欣赏东西南北各方远近景象，周边的风景很是迷人，顿时化解了刚才的不愉快。

在自由活动的过程中，我们经常碰到其他团队的导游在讲解，麦克风的声音很大，我们就跟着沾他们的光。但此时的我们既是逍遥游又不是逍遥游，不过想起来，小有小的不便，大有大的难处。大的团队导游讲解得既详细又清晰，但一闪就过，导游话音刚落就得往前冲，少了取景照相的时间。我们的逍遥游虽然了解名胜古迹会有所欠缺，但作为摄影爱好者在选景、拍照上则游刃有余，留下了很多美好的记忆。花港观鱼以花、港、鱼为主题，细分为红鱼池、牡丹园、花港、大草坪、密林地等景区。三潭印月指西湖中那三个测量水位高度的水塔。塔体中空，球面体上排列着五个等距圆洞，在月明的晚上，洞口糊上薄纸，塔中点灯，洞形映入湖面，呈现出许多月亮，哪个是真哪个是假谁都分不清。

上岸后，导游带我们仨去了地宫，看了“观音升天”的表演后，又把我们交给另外一个团队的导游小姐，让她关照我们参观地宫，这总比让我们去“偷听”别人的导游强多了。那个导游小姐经常询问我们，这里看了没有，那儿看了没有，这个照了没有，那个照了没有，对我们显得特别关照。

接着驱车到了虎跑公园，它位于西湖南侧。在那里我们参观了天下第三泉——虎跑泉，泉水清澈，水质洁净且密度高、张力大，盛水入碗，充盈碗口，凸出碗面也不溢。因此，其被誉为天下第三泉，名实相符。它与龙井茶一起号称“西湖双绝”。

接下来就是逛商场了，这与苏州的差不多，都体现了丝绸之乡的特色，不过没有打出“丝绸之路”的招牌。走出商场就进入快餐店，其路径安排得很巧妙，也满足了游客的生理要求。

西湖美景

饭饱水足之后，导游带我们来到一家茶馆，大厅里已坐满了人，导游就安排我们坐在外面，权当进了茶座，随即过来一位推销员。她很热情："先生，你们常喝茶吗?""喝呀。""那你们经常喝什么茶?""叫什么洱啦!"我不想让她扫兴，又为别人做宣传，便装作记性不好。"是普洱。"她替我做了回答。既然人家都给你点出来了，只好点头："是的。"之后她把用纸包好的龙井茶打开，用三个手指（拇指、食指、中指）抓茶叶放入杯里，倒水泡茶。一看这情景我不禁眉头一皱，专为游客推销名茶龙井的店铺也算是高档茶馆了，为什么就不讲究一下卫生，使用镊子抓茶呢?茶泡好后就喋喋不休地介绍龙井的名贵之处，最后落实到价格上："每斤三百多元……"这比外面的贵多了。我也为她打了圆场，向女儿和外孙女介绍说："一般好的茶叶是两叶一心，我们杯里的茶有心无叶，贵就贵在这里。"

游西湖，如果不去拜谒抗金英雄岳飞，那可是件十分遗憾的事情。记得在20世纪60年代我游西湖时，看到秦桧跪在岳飞面前请罪的塑像，体会到正义战胜邪恶是历史发展的必然规律。想想坏人终归会被钉在历史的耻辱柱上，心里一阵坦然。女儿第一次来杭州时，没有见到这个场景，外孙女更不知道这个历史典故，我则想着她们白白失掉了这个受教育的大好机会。

西湖的美景，地宫的古色古香，虎跑公园的名泉，都让我流连忘返，久久不舍得离去。遂想起南京大诗人林升的《题临安邸》来。

题临安邸

山外青山楼外楼，西湖歌舞几时休？
暖风熏得游人醉，直把杭州作汴州。

我也和上一首：

记杭州游

西湖美景饰高楼，地宫清泉游人讴。
升平歌舞陶人醉，真把杭州当广州。

17　我的爱妻王学竹

爱妻王学竹出身于书香门第，其父王尊恭是个老夫子，即旧社会的私塾先生，在家乡算是小有名气，精通古书典籍，四书五经可以背诵如流。原来祖业比较殷实，后来不知道什么原因已破落到供应子女读书都有困难。但无论如何还留下一些山林地产，故新中国成立后被评为地主成分，“文革”期间受到不少的打击。

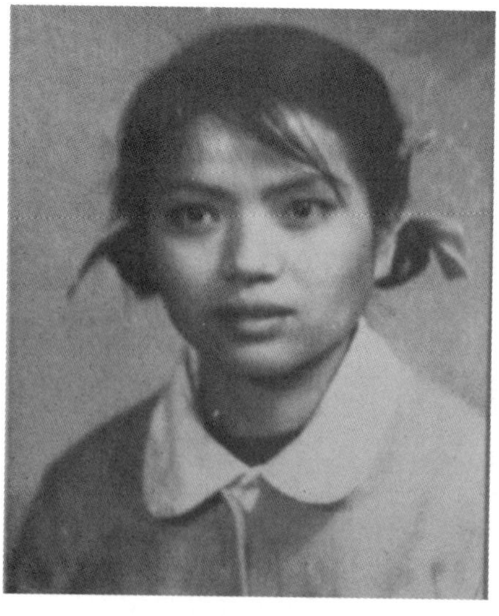
妻子王学竹年轻时照片

学竹的一生是多灾多难的一生。刚出生不久她就患上胫骨骨疮，幸亏家人把她送到美国人创办的海口市福音医院动手术才得以痊愈，幸运的是，后来恢复良好，也没有成为人们揣测中的“拐妹子”。

由于受传统思想的影响，岳父满脑子“女子无才便是德”的封建思想，从小就教她长大后如何相夫教子。不必读那么多书，只要嫁个富有人家就能享受一生的幸福。她的大姐就走上了父亲安排的这条路，本来她们姐妹俩一起上学，接受父亲的私塾教育，但为了享受现成的小康生活，小小年纪就辍学嫁人了，姐夫就是她的小学同学。后来岳父也在学竹不谙世道冷暖时就把她许配给一户富有人家当小媳妇，但学竹没有屈服，而是拼命读书，力求改变命运。当时在学校里，学竹的学习成绩可以说是出类拔萃的，很多人背不了的四书五经她都能背下来，当姐姐和姐夫背不下去的时候她就给他们提示。可惜当时读古书都是用海南话，现在用普通话读起来顿感困难。

学竹因为勤奋好学，成绩优良，于 1948 年考上了美国人在海口市创办的教会学校——匹瑾女子中学。1950 年海南解放，匹瑾中学并入广东海南华侨中学，于是她就成了侨中学生。由于成绩好，初中毕业后学竹就免试转入该校高中部就读。在读高中后，其父去世，家境每况愈下，全靠兄嫂和姐姐变卖金银细软来维持，当经济拮据到付不起伙食费的时候，只好由兄嫂肩挑柴米到学校供自己煮饭吃。后来为了省事就找一些家境相同的同学合伙烧饭。经常在一起煮饭的有廖维平、符之盛等。新中国成立后，由于解除了婚约，有人就据此推断她与这两人关系暧昧。当廖、符等考上大学各奔东西后，那种传言才不攻自破。

学竹高中毕业后，考大学名落孙山，被安排在海口市的一所小学任教。才上了几天课，就接到武汉市人事局的录用通知，要她到武汉参加工作。从此，我们就认识了，并一步一步发展为夫妻关系。我们夫妻二人共同生活几十年，除了因公出差外，从未分开过。即便暂时分别，心里也互相牵挂。1993 年 7 月，由于一件事情彼此之间处理得不好，我心里很不舒服，就借着学校放假的机会回家探望父母。因为当时正在气头上，我饿着肚子就走了。回到老家后没几天，就收到了学竹的来信，其中字字深情，关切之情不言而喻，彼此之间相处的一幕幕也如电影片断在脑海中闪现，我含着眼泪读了几遍。后一直珍藏着，现在已过去了几十年，借写作这本书的机会，以飨读者，也是对妻子的一种想念。

谦：

16日早上你饿着肚子走后，我真想大哭一场。几天来我吃不下，睡不着，想了很多很多：

1. 我们经过六年恋爱才结婚，相依为命几十年历尽艰辛，克服经济生活上的困难，奉养上一代，培育下一代，现在孩子学业上都已有所成就。我们虽经历了得得失失和坎坎坷坷，但你当上了教授，我取得高师职称。不少人投以羡慕的眼光赞扬我们这个高级知识分子家庭，可算能光宗耀祖了吧！困难的日子已经成为过去，我们目前应该是一个温馨的家庭，应该过着幸福祥和的日子，还有什么理由互不相容、满庭愁闷呢？我们为何老是闹矛盾达到不可调和的地步，我真想不通。

2. 就拿对老家来说吧，扪心自问，我们已尽了孝道，从经济上、道义上几十年如一日，我不遗余力地和你一起节衣缩食，维护内外两个家庭，不但奉养老一代，还照顾到第三代，我们的名字不是被琼海县加积镇当作佳话宣扬吗？有人说，我们是“解放全人类然后解放自己”，难道不是这样吗？还有什么可以非议？为什么对此你老是不能满足，发展到今天，有事不用与我商量，到底我的位置在哪里？

3. 几天来，我说不清过的是什么滋味的生活，尤青除了出差，回到家都不作声，要么睡觉，要么就出去玩，有时也不吃饭。我看到她的这种状态很是担心，我一想到家庭不能给她温暖就心事重重。一平晚上不回来，我一个人待着发闷，吃不下，睡不着。从北戴河回来时重了五斤，现在又瘦了五斤。前几天因小腹不适，拿小便去检查，三个项目不正常，医生叫我去做B超或造影检查，我无心情去管，眼下也没有钱，自己认为吃周医生几副药观察一段时间再说。

4. 我们都是“耳顺”之年了。我已超期服役多年，公司看得起我，认为我还有用才留我，估计明年就要打回老家，到时每月 300 多元，有了病痛挂号费每次 5 元都难应付，你虽说是个大教授，但上了年纪，健康状况很难预测。从北戴河回来知道你肝功能不正常，我多么担心。如果要治病，用钱就无法计划，所以能积存一点防老防病是为上策，然而我们过去根本没有考虑这一点，经常不量力，为自己考虑太少，毫无积存，遇到不测就很被动。孩子们不在身边，他们都在大洋彼岸，何时才有出头之日，等她们生活安定后再照顾我们？也难呀！所以还是有备无患，为自己着想有些积存为好，你说对吗？

5. 为了今后幸福，有必要总结过去，展望未来。过去由于性格问题产生矛盾和不协调，应该改变，我们各自都有优缺点，只要互相谅解，多讲奉献，把个人情绪调节好，互相取长补短，互相关心，不执己见，可以把家庭搞得更加和睦温馨，不要让孩子为我们担心，你说对吗？

因为想得太多，脑子发胀，又无人诉说，把它写出来可以轻松些，也许内中有你不中意的，也请谅解。

竹

1993 年 7 月 21 日

这封信至今读来仍如妻在眼前，吾妻已逝，留我独自黯然垂泪。我是在泪水中把它一字一字摘录下来的。

是的，妻已经走了五年了。

一　弥留、思念、回家

2012年3月2日，我去越秀山锻炼回家后和往常一样带食品（力衡营养膳）和纸尿片去广东省荣军医院。一到病房门口就看见五六个医生、护士正在紧张地给学竹安装人工吸氧机和心脏起搏器进行抢救。情况很不妙。当医生见到我时就请我到护士值班室，然后简要地把情况介绍了一下，说心脏时停时动，要靠起搏器维持，肺部也不能自主呼吸，叫我通知子女前来照应。我当时没有带手机，就把尤青的手机号码告诉医生，请他帮我联系。此时此刻我就一直在护士办公室门口等消息，此时的感觉真是度时如年啊，从来没觉得时间如此漫长。她的病床是康一科六楼38床。原来房间里有三位病友，但现在那两位已搬走，偌大的房间就剩下她一个垂危的病号，可知情况多么严重，我的眼泪夺眶而出。

她在弥留之际总是闭着眼睛，像是酣睡一样，当我叫她时，她只是睁眼看看，一会儿又把眼睛闭上了，像是很累的样子。虽然不会开口说话，但她心里一定是很明白的。

过了不久，尤青便神情悲伤地出现在我面前。她了解了具体情况后就给一平、尤宁和鸿正等亲人打电话，告知母亲病危的不祥消息。鸿正便叫尤桐乘坐当晚的飞机来广州，去医院陪护。幸好他还赶得上见学竹一面。一平、尤宁由于身处异国他乡，就没有这么幸运了。最终她们没能亲自与母亲临终告别，只能赶回来为母亲守灵两天两夜，并送她回家乡入土为安，也算尽了一份孝心。事后我才知道，她们的护照和签证很快就将过期，如果要重新办理，时间上根本来不及，那么连告别的机会都没有了，也许是冥冥中自有天意吧！远隔重洋的女儿们还能亲自送母亲最后一程。

学竹是3月3日深夜一点多走的。本来3月2日吃完晚饭我也想去医院陪她的，但在尤青、尤桐的劝说下，我就留在家休息。在睡意蒙眬中尤青打来电话说："妈妈已经走了。"我一看时间才一点多，马上起来穿好衣服到楼下打车去医院，想见她一面。当赶到医院的时候，病房大门已上锁。我就到门口找保安，将情况说了一下，他们随即打电话给六楼，让他们开门，并叫我在病房门口等。我到那里等了一会儿，看到尤青、尤桐和小罗下楼来，我以为他们是来给我开门的，哪知道他们是准备回家，因为学竹的遗体已被推走了。我本来以为离天亮还有好几个钟头，要等到那时殡仪馆才来把遗体运走，趁此间隙我还可以多陪她几个小时，终究还是未能见上最后一面。

还好，广州殡仪馆从3月3日至3月4日给了一个单间让我们布置灵堂，除了白天我们都在那儿守灵外，头天晚上由尤青、尤桐值守。4日一平、尤宁回到广州就由她们姐妹仨守了一天一夜。

时间过得真快，转眼几十年就过去了，而今只剩了我一个。3月5日上午10时正，追悼会正式开始，在低沉的哀乐声中，我回想着我俩相处几十年的美好时光，不想她竟无声无息离我而去，阴阳相隔，此情此景真的无法形容心底的苦楚。到会的亲朋好友很多，他们都劝我节哀顺变，但怎么可能做到啊！我只能用泪水感谢他们的劝慰，无法用言语来表达我的心情。我早就预料到会出现这种哽咽失语的情形，所以事前写了一篇"我的爱妻王学竹"的悼念文章，让一平在会上哀悼，也算是在亲朋好友面前为她盖棺定论吧。

记得2011年弟媳王玉金和侄媳来广州看望她的时候，曾问她想不想回老家，当时她已不能用语言表达自己的愿望，就叫她如果想回去就眨一眨眼睛，她真的当即眨了几下。也许回老家的心愿由来已久，在2007年8月10日从广州市中医院出院回到太平沙海日苑家里的时候，她怎么都不肯进门，口口声声说要回家，搞得五妹莫名其妙，问她：“这不是到家了吗?”她竟回答：“这不是我的家，玉金住的那地方才是我的家。”随后死拉硬拽才把她拉进门来。可见长期以来她都把自己当作遨游四方的游子，外面的世界不管多么美好均为他乡，老家才是自己的根基，百年后终要落叶归根。于是为了满足她的心愿，我们想方设法也要护送她回家乡安葬。

晚年时的妻子

为了带她回家，鸿正也于3月3日下午乘长途汽车来到广州，参加完追悼会，6日便捧着她的骨灰乘软卧火车风驰电掣地奔回琼海市加积镇，陪护的有三个女儿、侄子和我，但我们六人不能同上一列火车，因为此时火车售票制度已改为实名制，凭身份证取票，一平和尤宁回到广州时票已售罄，只好提前一天乘飞机到海口，转乘高铁去加积镇，算是打前阵。话说回来，我们四人虽然同在一列火车上，又都是软卧，可不在一个厢房，想跟别人换位人家又不同意，只好凑合着“欣赏”那个轰隆轰隆的令人厌倦的车轮声。在蒙眬中到达海口市，随即转乘高铁直奔琼海。

当我们到达琼海火车站时，王玉金安排的汽车已经在那儿等着了，我们随即上车直奔老家而去。可是入乡随俗，按照中国人的习俗，在外面过世的人不能直接入屋，要等做完禅事以后才可登堂归宗。所以就在村口摆坛祭祀，完事后就上山入土；在经历了几十年的人生历程后，终回归于大自然。可以让学竹欣慰的是，她娘家也由侄儿王心劲专程开车带着七位至亲前来缅送一程，他们是王心励、王心劲、王心平、陈昌植、吴文豪妻、吴文雄妻和吴文陕妻。他们虽然看不到她安详的遗容，但前来护送她入土为安，也算了却了娘家亲人的一份心愿。在碑文上刻了三个女儿和侄子林尤桐、侄孙林明宇、林明瑞等人的名字，作为立碑人，嗣后就由他们照料了。

二 冰冻三尺，非一日之寒

经医生诊断，学竹的死因是由老年痴呆症引起的并发症，心脏功能衰竭。刚接上呼吸机时还时而出现自主呼吸，越往后自主呼吸就越少。同时又接上了尿管，尽管不间断地输液，但尿袋里一直无尿，说明肾功能已经丧失。这种叫阿尔茨海默症的老年痴呆症是经长期脑细胞病变引起的，发病伊始不是很明显。由于病变经历着缓慢的发展过程，即使我们长期生活在一起也很难观察到她的细微变化。记得 2003 年去美国探亲的时候，女儿尤宁也许已经观察到了她的言谈举止比两年前赴美国时不那么伶俐了，她总是强调妈妈要多看书读报，多写字，至少每天抄几页纸的东西。还给她带回一本厚厚的日记本，叮咛每天要完成上述任务，就当作完成老师布置的每日功课。她还算听话，开始一丝不苟地看报，也把一些感兴趣的东西摘抄下来。

学竹的性格很外向，遇到陌生人都能天南地北地聊上半天。2004 年 3 月 18 日，我们从美国探亲归来后，到处拜访半年未谋面的老同事、老朋友、老同学。在龙眼成熟的季节，我们加积中学高十四五班（原来是高十四班、高十五班，后来两班合并，就成为高十四五班），高十六班、高十七班的居穗同学在朱家芹的倡议和带领下奔赴仑头果园品尝龙眼，同时也邀请陈帮义和吴玉仙老师参加。吴老师是原加积中学校医，对一些病症比较敏感，况且她的先生陈老师也得了同类疾患，对此比较熟悉，是她第一个提到学竹有老年痴呆症的症状，建议去医院检查一下。过几天我陪她去广东省人民医院看神经科专家门诊，经测试，她得了 27 分（据说合格分为 30 分）。在正常人看来，测试的题目很简单，例如你住在什么地方，今天是星期几，是几号，今年多大了，今天早餐吃什么，读了几年级。除了今天是几号回答得不对外，其他都比较准确。当医生问到读了几年级时，她似乎很自豪又生气地大声说："我大学毕业。"医生向我核实："是不是？"我点头表示确认。经检查后，医生确诊为"老年认知性障碍"。她听了也松了一口气，还好不是老年痴呆症，为防止病情进一步发展，医生开了比较昂贵的专用药阿里申，每粒 27 元，每天一粒，并叮嘱不能停药，说这种病只能靠药物维持，延缓发作，不能逆转。从那以后她就长期与阿里申为伴，吃完了就找医生开药，有时由女儿代劳，帮她到医院拿药。

学竹的病根可以追溯到青年时代，在中国人民大学读书的时候就曾经长期失眠，当遇到什么事情的时候总是睡不好觉，以致得到体育课免修的特殊照顾。大概是 1959 年上学期学竹患上腮腺炎，系里安排了一个专门的房间给予隔离治疗。听说这种病会导致不育，她更忧心忡忡，整晚睡不着。我去陪她，安慰她，才让她的心情好一些，睡得踏实一些。

1960 年，大学毕业后，我们都被分配在北京工作。1961 年学竹怀了第一个孩子，尽管全国处于经济困难时期，但她的身体还不错，因为她在农场工作，物资比较丰富，心情比较舒畅。在“文化大革命”中由于我受到冲击，她也整天闷闷不乐，再次失眠是免不了的。

学竹退休比我早几年。退休后天天去越秀山活动，爬百步梯。2001 年，我办理退休手续后就每天早上陪她到越秀山活动，有时也把吴爱连拉上跟我一起跑步，出一身汗后再爬几个山头才回家。有一天走着走着见到从河南省来的教练带着一帮人练习陈氏太极拳老架一路，看起来都是初学者，于是我们夫妻当即报名参加。开始学竹也比较感兴趣，但越往后越感到体力不支，动作难到位，经过几个星期的尝试就打了退堂鼓，又回到她的气功班去了。气功班的活动地址在海员亭下面，我们练拳的地址在鹿回头，两地有一定距离，我们就约定好，她活动完了就坐在石凳上等我一起回家。可是过不了多久，不知什么原因，她连气功也不感兴趣了，就跟我到竹林平台（此时我们第一期拳班已结业，我们几位拳友相约来到竹林平台继续操练）坐着看我打拳。拳友看学竹老是坐在那儿不动也不是办法，建议我带她去练柔力球，不管学会学不会，凡能动手动脚总比坐在那儿好些。于是我就带她到竹林过道的小平台上练柔力球。买了球和拍，每人一套，我基本上学会了第一套柔力球操，但她一直呆头呆脑地站在那儿不动，看来她的脑子真的不好使了。这大概是在 2006 年前后。从此我就不再勉强她了，但她仍坚持跟我到越秀山走一走。走累了就坐下来看我打太极拳。这样大概也坚持了半年多。

我习惯走路迈大步快步，学竹跟不上，总是一前一后，我不时回头看看，或站着等她跟上来。有一次在泰康路准备过马路，我回头见不到她的人影，遂沿着原路往回找，结果也没有找着，只好回家等她归来。过了大约半个钟头，她蹒跚地出现在我的面前，我用责备的口吻问她：“你去哪儿了？”她不好意思地说："进药店去看一看。"她本来就没有方向感，下公共汽车后经常会站着想一想，是往前走还是往后走？这段时间真的担心她走丢了。

这样的事情果真发生了。2007 年春节过后不久，广东省纺织品进出口公司退休支部党员过组织生活，我到越秀山就顺便送学竹到公司门口，看着她走进了大门。中午等她回家吃饭却不见人影，我几次下楼到车站找都没有找着。到下午 2 点多就打电话到公司退休科询问，吴科长说："上午 11 点多就亲自送她上车了，同车的还有某某同志，嘱咐他到北京南路叫她下车，也许这位同志在车上打盹儿忘了叫她。"下午 3 点多准备去报警，忽然电话铃响了，是广州市轻工旅游学校的门卫打来的，说有位婆婆迷了路，在他们学校传达室休息，并告知我具体地址，好让我去把她接回来。幸好她还记得我们家的电话号码，也懂得有事找民警（在她眼里保安也算是民警吧）。那位学校保安的确是个好同志，热心安排她休息后就立即拨打电话，几次都无人接听，估计此时我还在楼下或车站等她。当我来到学校时，她不好意思地向我表达歉意，又连连感谢那位保安。该校领导对此也很重视，临走前校长为此专门跟我谈了一次，并建议以后她出门时在胸前挂张小小的牌子，写明姓名、住址、电话号码，万一再迷失了，热心人可以凭此与家人联系。

有了这次教训以后，我们就决定找个阿姨来照顾学竹的生活起居，不管上哪儿都有人陪着她。经文以昌兄牵线，当年我们便趁回老家过清明节的机会把五妹带了来，一切家务都交给她打理。经过几年的共同生活，尽管学竹病痛缠身，但生活是愉快的，五妹也在尽心尽力地照顾着她，住院时，每当五妹拿着生活用品去看她时，她都会睁开眼睛看一看，这也就意味着表示感谢啦。

她的记忆力衰退过程印证着她的老年痴呆症的发展过程。当确诊学竹得的是认知性障碍以后，她经常忘事，比如煮饭忘了开电源，炒菜忘了放盐，出门忘了关门锁门。上市场买菜交了钱就走，回到家里才想起少了什么，再回去问档主要。好在档主会帮她把东西放好，否则给别人拿走就说不清了。最让我担心的是她几次出门都没有把铁门拉上锁好，只是拉上无自动上锁的木门。为此我几次说她，离家不锁门，如果遇上不轨之徒，其后果不堪设想。我当时只是埋怨她没有养成锁门和回头看的习惯，她也只能默默地听着。后来想到学竹的病情发展，我心中十分后悔，那时对她的遗忘症不但不给予同情，反而责备她，怪她太粗心。

三　急转直下的时刻

学竹病情发展的转捩点是2007年的健康体检。4月14日，广东省人民医院给她开出的体检报告指出，不排除左上肺及右下肺病发，建议复查。6月中旬经内侄女介绍到广州市中医院复查，确诊为肺炎和支气管扩张，脑动脉硬化和脑萎缩。当时以抗生素和中药消炎。治疗开始时以门诊方式打吊针，每天由五妹陪着她去注射室输液，既辛苦，效果又不好。一个星期后转为住院治疗。当时我正在海南老家过端午节，回广州后看到她判若两人，两眼呆滞无神，生活已完全不能自理。

记得在我回海南之前，我们三人每天都去越秀山锻炼。我不在广州的那几天学竹也在五妹的陪伴下到海印桥转一圈再回来，还指出她经常去接受免费理疗的地方，真想不到才十几天的工夫她的病情就恶化得这么快，简直是急转直下。6月21日入院时医生的诊断意见是："考虑左上肺舌段、左下肺及右下肺感染，建议继续抗感染治疗后复查。"我们对抗生素的副作用很不放心，过了一周便问查房医生："注射抗生素的疗程是多少天？"医生回答："一个星期。"我当即提出："至今已用药两周，再继续打能行吗？"医生答得模棱两可："阴影还未完全吸收，现在出院就怕再反复，更难办。”这么一说，我们也很担心，就再坚持一周吧。

7月9日，总算办妥出院手续，医生在出院记录上写着：“下肺仍闻少许罗音。”又过了一个多星期，7月21日，公司一些同事前来探望，发现她嘴巴有点歪，说像是有中风的症状。我们便带她去中山一院看急症，经数字化放射诊断为“脑缺血改变，脑萎缩”，建议入院留观。此时已排除了中风病症，至于嘴歪是由于上下巴脱臼所致。考虑到第二天要去广东省人民医院求诊，经简单处理后我们就回家了。

7月22日，学竹开始在广东省人民医院看门诊，每天由小罗开车接送，在注射室打吊针，如此折腾，病人很辛苦，便于7月26日住院治疗，一直到8月10日才出院。出院时医生的诊断是：①右面神经痉挛；②老年性痴呆。学竹一出院，我们旋即转到中山医口腔医院找老乡程彬诊治，他安排了一个对矫正嘴巴脱臼比较熟练的医生矫治。由于学竹的上下牙咬得很紧，医生难以入手，后经过一番闲聊，让其放松才入手把上下腭矫正过来。

学竹出院后就转入正常的门诊治疗。开始在海珠区人民医院纺织路门诊部打吊针，虽然离我们家很近，但要每天上二楼也够辛苦的。开始学竹还可以在我们的搀扶下一步一步往上走，见到医生还打招呼。但越往后状况就越差，连脚都提不起来了。此时我们经常在社区的广场上或社区的马路上扶着她练习走路，像跳慢三步那样，嘭喳喳的。这一来也把她逗笑了，真是“少壮不学舞，老病才练功”。

学竹尽管病得步履维艰，但求生的欲望很强烈，曾几次听到她的哀鸣：“请救救我！”此时我的眼泪总是夺眶而出。

我们的确也想尽了各种办法，尽可能地使她延年益寿。出院后尤青总是按时到医院找医生开方购买阿里申，听说有一种香薰药效果很好，也坚持使用了很久。回海南听到一个同学说，脑蛋白水解液的治疗效果很好，她的岳母曾患脑瘫，用了几个疗程就痊愈了。尽管这种药又贵又难买，但我们也想办法让她用上，而且不间断地注射了一年多。

当学竹生活不能自理时，玉兰妹也来广州照料，为了防止尿床，夜里总是两三个钟头就叫醒她并扶她到洗手间。为此，她嘴里总嘟囔着："玉兰只会叫尿尿。"也许她想到我们以前同床共枕的日子，多次提出要跟我睡在一起，并说："我们是夫妻，当然要睡在一起。"有一晚在她的强烈要求下，我就把她扶到我的床上睡下。第二天尤青对她说："你现在是病人，爸爸的床又小，两人挤在一起谁都睡不好，影响休息。"此后她就不再提及此事了。看来她还是能听懂话的。后来我们给她买了一个座椅马桶放在床边，这就解决了移步困难的问题。再后来又买了纸尿片，解决了尿床之忧，也免除了扰眠之苦。

虽然 2010 年上半年以前学竹的生活已不能自理，但情况还比较好，吃饭、睡觉较为正常。只是我们有时教她自己用勺子舀饭吃，但她拿起勺子不是舀不到饭，就是舀到饭也放不到自己嘴里去，手和嘴的配合不是很协调。不过，有一点值得庆幸的是，每当碰到鱼刺她都会在咀嚼的过程中将其分离并吐出，否则梗着咽喉更难办。

以前喂她吃饭总是细嚼慢咽的，一餐要吃上一个多钟头。到了 2010 年的某一天，玉兰给她喂饭，饭在嘴里就是不嚼不咽，催一次动一下，喂药也不吞。当时她又有点咳嗽，随即安排到海珠区人民医院住院治疗。医生根据她不能进食的情况，给她插上一根鼻管直通胃里，通过此管灌流质餐，吃药也照此解决。刚开始的流质餐是医生教做的红萝卜汁、瘦肉汁和米汤三味滋补品，每次做好送到医院。后来发现医院有现成的名为"力衡营养膳"供应，以温开水冲服。这就解决了她长期的营养供应问题。

出院后鼻管仍旧保留，根据医生叮嘱，要两个星期换管一次，便就近请海珠区中医院的医生护士上门办理。但是，这样长期下去也不是办法，一来影响正常呼吸，二来搞不好又会引起新的感染。一平、尤宁对此也很关心，多次打来电话，建议到医院做个固定的胃瘘。隔行如隔山，我们对胃瘘不甚了解，怕护理不好会引起感染。后来经尤青上网查询，获得这方面的一些知识，增强了使用胃瘘的信心，遂入住广东省人民医院接受胃瘘手术。此时正值鸿曹弟和弟媳专程从加拿大回来探望她，也许由于刚动手术很疲乏，弟弟、弟媳连叫她几声，她都不理不睬，搞得他们直掉眼泪。当他们说完一些安慰的话后，说要走时，她才张眼看了一下，随即又闭上眼睛休息了。

出院后，我们仍然安排回家照料，看病情有什么新的变化再考虑住院治疗。直至 2010 年 6 月我和外孙罗浚庭去美国探亲，家里缺少人手，才决定入院。此后就在几家医院轮流住，基本上是海珠区人民医院、新海医院和荣军医院，有时由于这三家医院缺少床位，也曾分别入住过广州市红十字医院和江南医院。大约每两周转一次医院，这是广州市医疗保险制度规定的。因为每个病人入院一次最高限额5 000元。这 5 000 元也就只能支付两周的医疗费，此后必须办理出院，或者转院。当转到下家医院时又重新启用新的 5 000 元额度。护工费每天 45 元则由病人支付。从那以后她就开始了这几家医院的转流治疗并在最后一间医院——荣军医院离开了人世。在此期间我们都坚持两天去看望她一次，并捎去营养膳、纸尿片、护理垫和纸巾等生活用品。至于办理转院的一切手续都是女婿罗东晖一人操劳的，真是辛苦他了。

18 苦命的妹妹

在抗日战争时期，曾与我一起逃难、相依为命的妹妹林琼花被狗咬后便夭折了，那时我总想她投胎回来再当我的妹妹。每年正月十五，在祭土地公的时候，村里各家各户都到土地公庙前求灯，但土地公灯只有一盏，求的人很多，在烧香点烛祭拜之后，就轮着投掷“阴阳泻”（用竹头劈成两半作为投具，投后两平面朝下为阴，两平面朝上为阳，两相背为泻），每人连续投三次，谁投中阴阳泻，或者三阴，或者三阳，谁就提灯回家，来年再把灯捐回来，以供新一年“阴阳泻”的投掷。土地公灯用纸和竹架做成八面体，画上钟汉离、张果老、吕洞宾、李铁拐、韩湘子、曹国舅、蓝采和、何仙姑八仙图案，很精致，也很漂亮。中灯的人家是添灯，“灯”与“丁”是谐音，表示当年会生个男孩，这一年我父亲投中灯了。说也真巧，我母亲竟也怀上了。大家都很高兴，父母亲总想着添丁，我则想妹妹快回来。母亲的肚子越来越大，我放学回来总要把耳朵贴在母亲的肚子上与妹妹说话：“妹妹，你快出来，哥哥想死你了。”此时母亲总是打断我的话：“傻孩子，那是土地公送来的弟弟，将来你们兄弟俩要互相照应。”母子两人打赌，母亲赌的是儿子，我赌的则是妹妹。

有一天我在放学回家的路上，看到姐姐在路边放牛，她高兴地对我说："快回家看妹妹。"我又蹦又跳地跑回家，一进门就大声喊叫："妹妹，妹妹……"我走到母亲的床边，只见母亲躺在床上掉眼泪，却看不到妹妹。"妹妹呢？"我问。"我们养不起，送人了。"母亲懊丧地回答。"送到哪里了？我要去看她。""那里很远，你去不了。""远，我不怕，就是走三天三夜我也要去。"此时母亲的眼泪哗哗地直流，我说："妈，不要伤心，我去把妹妹抱回来就是了。"日盼夜盼的妹妹不在母亲的肚子里，也不知道落在何方，让我哭了几天。其实此时母亲也不知道妹妹的去向。

那是一个阴雨连绵的季节，几天后，有人来我家对父亲说："孩子命大，还是抱回来养吧，这么多天她还在哭呢。"原来妹妹一出世，奶都没吮上一口、身上的血迹未干就被父亲用旧衣服裹着放到了一个叫做下坎肚的地方的树上，让她自生自灭。那个不速之客是个收尸佬，是专门替人家埋葬死人的。父亲听他这么一说，就急急忙忙地跑去把妹妹抱了回来，路上父亲风驰电掣地往家赶，生怕手里的婴儿"哇"的一声哭起来，怎么说这都是件很难堪的事情。回到家里，父亲马上烧了一盆热水给妹妹清洗干净，让其吮吸母亲给的第一口乳汁。一看她的吮吸劲，就知道饿了很久。幸亏母亲的乳汁还没有缩回去，否则后果也不堪设想。再说，父亲在抱妹妹回家的路上，一边掉眼泪一边说："孩子，爸爸对不起你。我们家实在太穷了。"放学回家后，我听说妹妹回家了，高兴得不得了。跑到母亲床前，望着妹妹说："妹子，你不要再走了，哥不让你走。"过了一些时日，母亲才把真相告诉我，这也是父亲事后告诉她的，否则她也蒙在鼓里。因为那个收尸佬说的话母亲也听到了，父亲不得不把真相告诉她。"我真蠢，人家都说，孩子是妈身上掉下来的一块肉，自己生的孩子都不要，我不配当妈啊。""是妈不好，对不起，孩子。"母亲也开始自责起来。经过这一场遭遇，全家人对妹妹有了一种特别的爱，好像要赎回遗弃她的罪过一样。

此后父亲给她取奶名叫不鸾，长大以后叫玉兰。

我离开家乡在外奔波时，她小学毕业考到塔洋中学念初中。初中毕业后就回家务农了。琼东县（当时琼东县与乐会县还未合并为琼海县）玻璃厂在登心岭征地盖厂房，按政策必须在被征地的地区招工，玉兰去报了名，却不明不白地被生产队长卡下来了，说："你家林鸿谦在武汉工作，经济条件好，名额就让给别人吧。"说得冠冕堂皇，让人无从辩驳。是我耽误了妹妹脱农务工的好机会，真是遗憾。

待玉兰到了男大当婚女大当嫁的时候，邻村一个姑婆来我家说了一门亲事，父亲基本同意。后来有人劝说，那孩子的母亲很凶恶，村里人给她起个外号叫眼镜蛇，闺女去了恐怕会受罪。父亲犹豫起来。但过后又想，女儿是嫁给她儿子，又不是嫁给她，总不会不要儿媳，连自己的儿子也赶出门吧。果然妹妹嫁过去后，亲身尝到了苦头，家婆一不顺心就拿儿媳出气，对妹妹又打又骂，她全身上下不是这里青一块，就是那里凸一个包，回家向父母亲诉苦。无奈已经生米煮成了熟饭，父母亦没有什么办法可想。妹夫倒是个好人，只是太过老实，缺少主见，夹在婆媳之间十分苦恼，待后来生了一男三女后，妹夫便患了中风症，什么活都干不了，全家的生计都落在妹妹一个人身上。再到后来妹夫撒手人寰，她只能含着眼泪默默地把子女养大成人。

外甥王喜初中毕业后，同时考上加积中学高中和某校中专，由于家穷，想放弃高中念中专。我知道后劝他还是读高中，争取将来读大学，在经济上我可以供给他日常生活费，也算是替父亲给玉兰的补偿吧。外甥的确很争气，遵从我的意见，高中毕业后考上了海南师范学院。一毕业就回家乡教书育人，有了一份稳定的工作。儿子有了经济收入，娶了媳妇，有了孙子，应该好好享受天伦之乐，但妹妹年岁见长，又加上常年劳心劳力，不是腰酸就是腿痛，一生劳苦。

19　喜把芬芳留人间

梅花芳香苦寒来，糖水泡大乃悲哀。
耄耋追怀知苦乐，敢情后人有感慨。

我的一生虽然没有轰轰烈烈的事业，也没有可歌可泣的英雄事迹，更没有永世留芳的丰功伟绩，但它反映了我们这一代人的人生轨迹，权当我们这辈人的共同记忆吧。酸甜苦辣，艰难困苦，喜怒哀乐，岁月蹉跎。但感叹归感叹，作为历史见证者，我希望留给后人一份平凡且珍贵的历史记忆。从这个意义上，它可以说是我们这一代人共同创作的历史赞歌。

我时时念及我的苦难经历，因为它使我懂得一个道理，世界上没有不经过自己的劳动而得来的东西。我的一生是吃苦的一生、奋斗的一生，现在通过我的经历把这个道理演绎给下一代，未尝不是一件好事，未必不能使他们有所感悟。

梅花的生命力极强，她不在乎土地是否肥沃，生根于贫瘠的土壤照样能茁壮成长；梅花不畏风雪，不惧寒霜，冰雪压来不弯腰，不做垂柳随风摇。我希望拥有像梅一样的品格，也学了梅一样的性格，在坎坷的人生路上摸爬滚打，终沁出迷人的芳香。借此，我也希望我的后辈们，能够坚强、乐观，找准人生的目标勇往直前。

我有三个女儿，为了她们的健康成长，我与妻子付出了一生的心血。从1959年至1963年，妻子有四年没见过她的母亲了，便申请休探亲假，我也借她的光回去探望父母，当年年底成行。喝了家乡水，吃了家乡粮，学竹有了二女儿。那时海口港水浅，大船靠不了岸，返回广州时得乘小船接驳。她一登上接驳船就作呕，吐得死去活来。原来以为小船摇晃得厉害，上了大船就会好起来，但是在大船上学竹仍然吐声不断，于是就猜到又有了，高兴起来反而忘了痛苦。回到广州去医院检查后果然是怀孕了。时间过得真快，一眨眼就到了九月，有一天她的肚子微微作痛，凭经验得赶快去医院。那时产前检查在惠福路的省人民医院门诊部，而分娩却在东川路的住院部，我遂陪着她乘公交车赶路，这比她第一次分娩好多了。不过当时不强调有人陪房，什么事都由护士搞定，她住下不久我就回家睡觉了。第二天一早我往医院跑，就已经看到女儿在那里动手动脚的，真高兴。

一平小时候得了百日咳，扁桃腺炎也老缠着她，不得已只好做手术将其割掉。尤宁在读小学时患了癫痫症，幸亏得贵人相助，陈可兴同志在家乡找到一个中医，抓了一些中草药寄来服用，经过一段时间得到了根治。

三女儿的出生彻底打消了我的传宗接代思想，无论如何我都要把她们培养成有出息的后代。她们也很争气，读书很用功，前后都拿到了大学毕业文凭，获得学位，一平还获得双学士，尤宁还分别获得中国人民大学和美国的研究生学位。父亲虽然十分渴望有个男孙，但这也得顺其自然。当每个孙女成为天之骄子时，他都在家乡燃放鞭炮祝贺，逢人就说，我们家都是大学生，足以光宗耀祖。为了满足他的遗愿，在二老的墓碑上都刻上三个女儿的名字。

尤青虽然年纪最小，但她是第一个给我添外孙的。在她临盆的时候，我的弟媳来穗照顾她坐月子。弟媳有时唠叨：“咱女儿生人家孙，人家欢喜咱愁闷。”我说：“新社会了男女都一样，哪管内孙或外孙。”

按照父亲的意愿，我们又把侄儿带来广州念书。尽管由于没有广州户口，仅读了小学就回去，但侄儿在这儿打下了很好的基础，养成了爱好读书的性格，回到海南考上了重点中学。高中毕业后考上了中山大学，在经济上由我支持。

我的外甥王喜初中毕业后同时考上了中专和高中，因为家穷，想放弃高中念中专，我在精神上给予鼓励，在经济上给予帮助。高中毕业后也考上了大学。

我们家儿女都上了大学，成为令人仰慕的书香一族。

在三个女儿的成长过程中，我们特别注重家庭和睦，给她们灌输互相关心、互相爱护的亲情概念。有一次我们家烧了一桌好菜，我特意将其分成十份，当大家拿起筷子的时候我说：“今天的美食除了每人一份外，阿青年纪最小，为了满足她成长的需要，多分一份；阿宁身体不好，需要增加营养，多照顾她一份；一平是大姐，劳苦功高，多鼓励她一份；养育你们，妈妈的功劳最大，也奖励她一份；我呢，作为父亲养家赚钱，也奖励我一份。”通过一个小小的奖励感谢大家对家庭和睦的贡献，同时也让大家意识到家庭成员所做的贡献，真是一举两得。

可能有人会说，这是平均主义，我说这是一碗水端平。在儿女的成长过程中不能偏重这个，轻视那个，不能认为这个聪明就重点培养，那个愚笨就放弃，无形中造成兄弟姐妹之间的芥蒂，长大以后闹矛盾，相互反目，搞得家里鸡犬不宁。树大分枝，各枝争抢阳光，人大分家，各房争夺家产，古往今来概莫能外。我们家就不存在这个问题，这也算是冬梅的芳香，留给后人品味和欣赏吧。古时人们都教育孩子学习孔融分梨，养成谦让的习惯。但作为家长要主动关心她们，根据需要来分梨，也不搞绝对平均主义。有一年，我在深圳讲课，人还没有回来，大女儿就到系里支取了我的讲课费，奔北京同二女儿一起去大连游玩。三女儿在大四那年的寒假也去了哈尔滨看冰雕。侄儿林尤桐大学毕业当年也花了两千多元到北京游览。

在培养后代的问题上，我们夫妻俩是很默契的。按照中国的传统家教是严父慈母，一个打，一个拉，作用力和反作用力互相抵消，收效甚微。我们在教育子女问题上从未在她们面前暴露我们之间的不同意见。也就是说，父严母也严，母慈父也慈。总不能在一个时间点上，对某一个问题父严母慈、父打母护。这也是我们家教的成功之处。而且我们要求孩子做的，我们首先要做到，当个表率。

现在我每天早晨坚持连续打六遍陈氏太极拳老架一路，然后做十五个俯卧撑，二十拍伸展运动，二十个下蹲运动，3×50拍颈部运动，站在相当于三个砖头高的石阶上做二十个手掌着地的拉筋运动，最后再做十五个引体向上，时间花上一个多钟头。下午又用一个钟头打乒乓球，锻炼身体的灵敏度和眼力。每年的身体检查都没有发现什么大问题。

这都说明我的身体很好，还没有达到需要写遗嘱的地步。但是未雨绸缪也未尝不可，如果是这样，我可以对我的后人说，钱财的东西生不带来，死不带去，每天都凑合过日子，不留给你们债务就好了。记得在旧社会多少人家父债子还，我们家的那棵长在别人土地里的椰子树，就是太公留给爷爷的土地债，债没法还，土地也就收不回来了。父亲没留给我任何债务，我也没有债务在身。我的最大遗产就是孩子们各自的大学毕业证书，它们是经过公证的，是孩子们人生的最大财富，足够孩子们一生过着既美满又幸福的生活。

祝贺暨大110周年华诞

2016年是暨南大学建校110周年纪念日，来自世界各地的历届校友欢聚一堂，庆祝母校110周年华诞。大家举杯祝贺师兄师姐的铿锵人生，也期盼师弟师妹快速成长。共祝母校傲立于教书育人之巅，我们将继续沿着暨南校训不断前进。

忠信笃敬

忠精[①]为国读书郎，
信实[②]为人多友邦。
笃学经书[③]为国酬，
敬重科学[④]国荣昌。

金融系退休教师
林鸿谦　敬贺
2016年11月19日

① 忠精：对国家、民族的无比忠诚。

② 信实：诚实可靠乃做人之本。

③ 笃学：专心治学。经书，古称经书为儒家的经典著作，如《诗经》《书经》《易经》《春秋》《礼记》《论语》等。这里讲的经书泛指古今中外各种人文科技类图书。

④ 敬重科学：要敬仰科学家，坚信科学是第一生产力。

2016年11月20日中午，金融系90、91、92、93级研究生设宴答谢老师。聊着聊着，我便想写几句五言顺口溜，以表达我的心意。大家在谈，我在写。写毕，站起来给大家说了几句。在大家的掌声中，我说：“我现在是个大闲人，每天就做两件事，去公园动手动脚搞搞健身活动，回家来就动脑动笔写写日记，吟诗作对，打发日子。现在听到大家的发言，颇受启发，遂写下五言八句。念给大家听听，不成敬意。”

祝贺暨南人

昔日是学生，而今乃精英。
为天下豪杰，数我暨南人。
桃李满天下，团聚桃花园。
举杯同祝贺，暨南满天星[①]。

回到家后，我又想继续发挥或者说延伸我的未了之意，遂将其改成七言八句。古语云，桃李满天下，乃指老师培养教育的英才众多，遍布于五湖四海，学校就自然而然成为培育人才的桃园基地。暨大是全国重点大学，也是世界知名院校，桃园之盛名担当得起。我们老师是培育桃李的园丁，大家都在默默地耕耘，让桃树开花、结果，为实现中国梦源源不断地输送一批又一批高质量的专业人才。

暨南才子多

桃花园里好耕田[②]，桃树种在暨南园。

① 暨南满天星：暨南校友人才济济。

② 毛主席在七律《登庐山》中的诗句：“陶令不知何处去，桃花园里可耕田？”陶渊明不在了，桃花园里还可不可以种地？毛主席用的是问号，引起诸多不同解读。我把“可”字改为“好”字，用句号，其“可耕田”的含义是确定的。陶渊明，这里代指毛泽东思想的继承人，在桃园里领导全国人民为实现中国梦而奋斗，把桃花园的田耕耘得更好。教师即园中的园丁，培养一代又一代的新人茁壮成长，这是多么豪迈的事业。

桃李芬芳满天下，百一流年满天星①。
人杰地灵多才子，中华崛起做贡献。
师兄师姐师弟妹，共同奋斗迎明天。

校庆活动结束了，亲爱的校友们，十年后再来桃花园相会，那时暨南校园会更美，事业会更辉煌！

95 届金融学研究生毕业典礼

2016 年 11 月 20 日　星期日　晴　29 度

昨天回学校参加暨南大学 110 周年华诞的庆祝活动，见到许多昔日学子从四面八方汇聚而来，我们互相问好寒暄，好不热闹。大家多年不见，如今刮目相看，个个都已成为杰出人才，成长为各企业、各单位、各部门、各行业的业务骨干，是名副其实的社会精英。作为曾经的他们的老师，看到听到他们所取

① 暨大 110 周年诞辰各方校友齐聚校园，同时也含有暨大英才遍布于世界各地之意。

得的成就很是高兴。在经济学院楼上摆着一排椅子，我们就坐在那里和他们一茬又一茬、一拨又一拨地拍影留念。多年未谋面，有的似曾相识但叫不出名，有的记住名但不知是哪一位。像黄锡顺（现任中国银行澳门分行行长），乍看其名片，我不禁大叫一声："啊！我们的著名运动员。"的确堪比今日的苏炳添。

高兴之余同学们设宴犒劳老师，同时也借机相互之间畅饮狂欢，热闹非凡。中午是84级，佳醇正酣时，我想辞席回家歇一歇，陈涤同学（香港嘉实国际投资有限公司董事总经理、行政总裁）硬是叫了一辆车把我送到家门口，真不好意思，感激万分。

晚上是88级乙班同学在桃园明宴摆宴，酒过三轮，我向同学们表示谢意，告别他们说："商学系曾丽梅同学半个多月前就约我赴宴，昨天又特别告知时间地址，难却，现在我只能蜻蜓点水，这里点一下，那里点一下，实在对不起。"本来两地距离只有几百米，走路几分钟即可，但他们一定要叫车亲自把我送达，直到与曾丽梅同学见面为止。真不知道该怎么感谢他们。

本来我已向小曾发了信息："小曾，很抱歉，我们下午开会，现在又把我拉来桃园明宴就宴，实在无法分身，对不起了。"她回信："可惜了。"过后又想，同学们那么热情，失约乃失礼，心里过意不去，遂想起蜻蜓点水的主意。

一进门，啊！好大的场面，摆满十几桌，商学系的同学都在这里。还有我们系的费老师、谭少杰老师（既是同学，又是老师，双重身份）也在此。过后，我给小曾发了信息表示感谢："曾丽梅同学，谢谢你不仅记得我这个默默无名的老师，而且还热情款待，又给我向老校长、老院长（原副校长李永安，原院长傅汉章）祝酒的机会。"后收到她给我发来的信息："老师客气了，一日为师终身（生）为师（父）。老师当年的教诲，同学们都牢记入（在）心，感谢老师参加我们的聚会，让我们有机会敬老师一杯酒，祝福老师身体健康！"师生情浓于水，现在有了亲身的体会。

金融系师生校庆日合影

作者与学生（现金融系教师）合影

暨南华诞宴席何其多

才五粮液又茅台，敬酒弟子自四海。
东南西北有宴席，分身乏术难安排。
蜻蜓点水应酬忙，有求必应尽师爱。
展望明天会更好，暨南将来多英才。

2016 年 11 月 22 日 星期二 阴雨 16 度

校庆期间，由金融系校友卢闰霆同学发起建立“张元元经济学创新奖励基金”，并于 2016 年 11 月 11 日举办了成立大会。卢闰霆同学是金融系 98 届毕业生，现任金邦达集团董事长。当即捐赠 200 万元，由副校长宋献中同志颁发荣誉证书，经济学院院长刘少波同志代表全体师生表示感谢，并祝贺他事业成功。之后，他向全体师生作了题为“金融是世界发展的龙头”的报告。讲得生动活泼，有骨有肉，既有理论，又有实际，很多是学科前沿的东西。像互联网金融，互联网时代金融风险的控制问题，主要突出两个词：快和安全。现在互联网的发展对金融风险提出更高的要求等等。

事业有成报母恩——赞卢闰霆校友

长江后浪推前浪，昔日弟子今才郎。
前浪入海影难觅，后浪滔滔且莽莽[①]。
网络金融有见地，高谈阔论大学堂。
慷慨解囊二百万，创新基金张元元[②]。

---

① 引用《楚辞 · 九章 · 怀沙》句“滔滔孟夏兮，草木莽莽。”莽莽，茂盛之意。

② 此句指张元元经济学创新奖励基金，张元元为前金融系系主任，前经济学院院长。

张元元经济学创新奖励基金现场

经济学院院长刘少波同志发表讲话

金融系校友金邦达集团董事长卢闰霆发表讲话

这几天暨南人都沉醉在桃李芬芳的校园里，人人笑容可掬，又是祝贺，又是恭喜，忙于拍照，奔走寒暄，高歌吟唱，举杯于宴席之间。美好日子，来之不易。喜悦之后，余韵未消，又想起《桃李劫》主题曲。

桃李劫·毕业歌

田汉词　聂耳曲

同学们，大家起来，
担负起国家的兴亡！
听吧，满耳是大众的嗟伤！
看吧，一年年国土的沦丧！
我们是要选择“战”还是“降”？
我们要做主人去拼死在疆场，
我们不愿做奴隶而青云直上！
我们今天是桃李芬芳，
明天是社会栋梁；
我们今天是弦歌在一堂，
明天要掀起民族自救的巨浪！
巨浪，巨浪，不断地增涨！
同学们！同学们！
快拿出力量，
担负起天下的兴亡！

现在，中华民族屹立于世界民族之林，国泰民安，桃李劫变为桃李济。可惜原词、曲作者都已驾鹤西去，来不及改写他们的词曲，那么我来班门弄斧一番，但愿能做到其词达意。

桃李济·毕业歌

林鸿谦填词

同学们，大家起来，
振兴中华贡献力量！
听吧，悦耳歌声多么嘹亮！
看吧，五星红旗随风飘扬！
我们前进的步伐多雄壮！
我们要为中华崛起迎头赶上！
我们忠贞爱国誓保国土海疆！
我们今天是桃李芬芳，
明天是社会栋梁；
我们今天是弦歌在一堂，
明天即将遨游世界乘风破浪！
破浪，破浪，骑在浪尖唱！
同学们，同学们，
快收起行装，
为美好前程奔前方！

金融系师生会聚一堂

金融系第一届（79 级）同学返校宴请老师

我们这一代人是唱着《桃李劫·毕业歌》成长起来的，其曲调雄壮，语意深刻流畅，给我们深深地打上了时代的印记。现在时代不同了，年轻人应该高唱《桃李济·毕业歌》，这才能反映新时代的气息。

最后千言万语汇成几句感激之语，首先感谢党，把我这个放牛娃培养成才，进入知识界。

其次，感谢暨南大学，给我人生的活动舞台，让我的生命绽放出光彩。

再次，感谢日夜切磋琢磨的同仁，在桃花园里给我无限的关爱。感谢学子们，给我鼓掌喝彩。感谢我的家人，给我的鼓励与期待。

最后，特别感谢暨南大学出版社，让我的拙作能与读者见面，传递我的爱。

至此，无限感慨！

附　录　我的人生三道茶

中华茶道飘香古今，闻名中外。在中华茶道瑰宝中尤令我陶醉不已的是闻名遐迩的云南白族的三道茶。在云南白族地区，逢年过节、喜庆待友都要喝三道茶。第一道是苦茶，浓郁苦涩、原汁原味是其共同特点；第二道是甜茶，泡茶时添加红糖、核桃仁，其特点是香甜可口，余味无穷；第三道是回味茶，在茶水中配以蜂蜜和花椒，甘苦麻辣甜。我的人生旅途也好比这三道茶。

第一道茶是苦的。父母靠租田耕作养活一家子。本来家境就很穷，又遭日本侵华，被迫四处逃难，几乎断了生路。在龙角村落脚时，为了回家收割地里的稻谷，父母踏着月光来回奔波，把我留在草寮里照看婴幼儿时期的妹妹。当时日本飞机经常四处狂轰滥炸，真怕父母出什么意外，遗下我们两个待哺的幼小兄妹成为孤儿。而这样的事例也层出不穷，我们村就有一个妇女回家挖番薯时被打死在地里，弃下跟我一样大小的幼儿。逃难的日子实在过不下去了，父亲就带着我们回家当“顺民”。实际上当“顺民”的日子也不好过，我这样小小的年纪还要替父母去当民工，饱受监工的训斥和吓唬，甚至是挨鞭子。童年本应是学习知识的黄金时段，但日本人不让中国人办学，想读书就须奔加积镇加庆小学或大村坡小学。我先后到这两所学校报了名，也上了几天课。但他们要培养日本的奴隶，只许听话，不许反抗，教唆高年级学生打低年级学生，而且不管打成什么样都不许还手，我只好天天逃学。学生越来越少，学校就派人下乡像抓小鸡一样抓逃学的学生。我们一听到日本宪兵下乡抓学生就四处逃遁，与他们做起捉迷藏的游戏。

第二道茶是甜茶，我们盼到了抗战胜利，但生活状况并无丝毫的改善，直到 1949 年。那时，我在读琼东师范附中时差点儿因交不起学费而辍学，好在经得校长同意以缓期支付来解决失学问题。

正是穷人的孩子早当家，记得海南一解放，就收到琼东师范学校军管会来函，通知回校复课，并让我免交所欠的学费，如果家庭经济困难还可申请人民助学金。从此我不但不用交费就可继续读书，而且还可以每月领到 12. 5 元的助学金。1951 年，我考进广东省立加积中学读高中，也一直得到国家的支持，继续享受甲等人民助学金，直至毕业。

1954 年因为高考名落孙山，组织安排我到武汉市纺织团委参加工作，后又调往中国共产党武汉市委宣传部理论处。1956 年响应组织号召参加高考，进入中国人民大学经济系学习。1960 年毕业后，被分配在北京外交学院任教。1962 年由于中央精简机构我自愿回广东，到广东省纺织品进出口公司做国际商品市场行情调研工作。工作还算称心如意，也得到公司领导的赏识，多次被评为一等奖。但遗憾的是，跟许多知识分子一样，在“文化大革命”中亦难以幸免，除了挨批斗，还迁徙到五七干校接受贫下中农的再教育，先到英德茶场，后到四会瓦渣塘，孩子随爷爷回老家，我们夫妻搬家北上，准备当一辈子体力劳动者。当时革委会主任说是让我先去，可以分田分地，争得好地块，以后生活好安排。先前的英德茶场是劳改场，为了办干校服刑人员都搬走了，于是军代表给我们交代：“你们下去要好好接服刑人员的班，把茶场搞好。”在那些人的眼里，我们也成了“服刑人员”。

到了干校后，我们又被安排到并场队插队。到并场队后我们与贫下中农同吃、同住、同劳动，跟他们上山砍柴、犁地、挑粪、打泥砖，什么都干。在农民的眼里，我们是能文能武的好干部。

搬到四会瓦渣塘后，我们的任务是种植、养猪。其中最艰巨的任务是筑堤防涝。从低洼地挑土到坝顶，别人是两人抬一筐，身体好的一人挑一担，我则一人挑两担，一年下来扁担都挑断了三根。

1971 年，我们又高高兴兴地回到广州安家，重操旧业，继续做国际市场行情调研。恢复高考后，我要求归队重执教鞭。1979 年我调到暨南大学经济学系任教，承担政治经济学的授课任务，后又转到金融系主讲国际金融及其相关课程，并兼任金融系党支部书记、党总支书记、经济学院党委委员等职。任职期间能较好地完成教学和科研任务，很快就被聘任为讲师，随后又晋升为副教授、教授。

作者荣获暨南大学 1989 年优秀教学成果奖

我的人生第三道茶，是回味茶。我是在2001年退休后开始品茗的，它时时令我感悟到甜酸苦辣咸的五味人生。

首先，回味人生的幸福。人活在世界上的确是很幸福的。幸福并不是指拥有多少财富，而是自己愿望的实现，这是必须经过艰苦努力才能达到的。有些人家财万贯但并不幸福，倒是我们这些穷苦书生经过一辈子的拼搏，达到了理想的境界才倍感幸福。

其次，朋友是人生的支撑力。没有这个支撑力我也难以走到今天。有副对联写得好："松竹梅岁寒三友，桃李杏春风一家。"它象征着朋友之间的友情，素雅和纯洁，剔除了谄媚逢迎的酒肉朋友之庸俗。在困难时得到朋友的支持和帮助，在顺利时得到朋友的鞭策和鼓励，在成功时有朋友一起分享欢乐。

再次，一个人能健康地生活才是幸福。有的人年轻时以健康换钱，年老后以钱买健康，这并不幸福，而是年轻时熬苦，年老时受苦。人到年老时才倍感有一个健康的身体是多么重要。我一向遵循生命在于运动的古训，不管在任何地方、任何时间我都坚持四肢勤快，不贪图安逸。年轻时喜欢一些激烈的体育运动，中年时坚持体力劳动，退休后坚持耐力运动，这给了我健康的体魄。而广交朋友也对健康大有裨益，有诗为证："人要活到九十九，必须广交好朋友。千金难买是朋友，朋友多了春长留。"

最后，多喝回味茶，我们要拥有一个豁达的胸怀，与世无争、与人无犯的情操是崇高的处世哲理。反之，心胸狭窄，凡事必争，必然损人害己。而"宰相肚里能撑船"的胸襟，他人欺我我不欺人的雅量，君子不记小人过的气度，让人三分又何妨的风格，才是与人和睦相处的高风亮节，才是维系健康长寿的法宝。

后　记

2010年4月，我写了一篇短文，叫做“我的人生三道茶”，女儿看了不过瘾，催促我再写详细一点，我也未尝没有这个考虑。但是自退休以来从未舞文弄墨，很多文字、词汇都记不起来了，总是无从下手。以前也想过学习电脑打字，写一点东西，但摆弄了几天没上手就放弃了。这次为了与老同学交流诗句，再次坐到电脑前敲打键盘，终于掌握了要领，便将酝酿了几年的腹稿打出了一个目录，从此下定决心按照这个目录认真写下去。

幸亏我在中国人民大学读书的时候，利用课余时间学习了汉语拼音。由于当时的人大校长吴玉章是中国文字改革委员会主任，他号召全校师生学习汉语拼音，给全国带个头。我就是在这种情况下学会汉语拼音的。但受南方口音的局限，对一些“咝”音把握不好，找带“咝”音的字很费力。

刚开始写作的时候，由于对键盘不熟，对拼音把握不准，我总是一个键一个键地敲，一个字一个字地找，半天也打不满一页纸。正是“只要功夫深，铁杵磨成针”，待到我掌握了汉语拼音的输入方法和规律后，一组词汇、一个成语、一句常用语一并输入，速度就快多了，现代科学技术与汉语结合之神奇令人赞叹。

写作时在脑子里有些已经模糊了的字、词组、成语，用纸笔恐怕早已写不出来了，但多少还记得它们的读音，于是按照读音敲打键盘，电脑就帮我打出来了，这确实帮我省了不少事。这又使我联想到强调中小学生练习写汉字是多么重要，否则全靠电脑写字，将来对汉字必然似曾相识，一家人不认识一家人。

在打字的过程中我也发现些有趣的事情，这于别人来说，不值一提，可对于高龄才接触电脑的我来说，却自有一番趣味。如哪一个字使用频率高它就将其调到前面来让你好找，哪几个字构成的词组多，它就会给你拼在一起。但是有时它也会给你开个小小的玩笑，当我输入某个字的拼音字母后，找个遍都没有我所需要的那个字，以为是自己的拼音不准，查字典确认后再找，还是不见字影。后来采用迂回的方法，通过与它相关的词组才把它找出来，此后若单独打这个字的拼音字母时，一下子就跳出来了。

有人设想使用智能化的仿真机器人做家务，早餐做好后叫你起床，如果叫一次、两次、三次，都没叫醒，它就会打电话到单位帮你请假，说你病了。多聪明的机器人。但是，成也萧何，败也萧何，任何先进的东西都是双刃剑，要是它喊三声你还没有醒，发起火来给你一巴掌怎么办！一巴掌下去把你弄醒了还好，弄不醒那麻烦就大了。的确现在的网络文化很先进，传播的速度很快，不受时间、空间的限制，世界上发生什么事情，顷刻间就可传到千家万户。但同时也良莠不齐，有些似是而非甚至胡说八道的东西满天飞，制造和传播这种信息的人唯恐天下不乱。最近我收到朋友转来子夏居处的文章《历史的评价不会太高》，读后火冒三丈，马上给朋友回信：“读了《历史的评价不会太高》，令人心寒。没有新中国，咱孤苦之辈怎能成长，中国崛起之路在何方？子夏居处何许人，竟敢胆大又猖狂。似是而非，胡言乱语，难掩盖其主张。天下无无缘无故的恨，亦无无缘无故的爱。世界上无永远的敌人，亦无永远的朋友。劝君自重保安康。”

过后又读到《夸咱共产党，传播正能量》及其所配图片的说明，世界上到底还是有正义感的人多，懂我心的人多。让那些跳梁小丑去声嘶力竭地喊叫吧。蚍蜉撼树谈何易，千舟已过万重山。

在写作的过程中，我得到许多亲人的帮助和挚友的鼓励，使我一口气写下去。我每写完一节都会发给他们浏览，得到不少宝贵意见，同时也补充了我的记忆。写完初稿后，我还发给老同学，请他们斧正。

当我写这本书的时候，爱妻已经走了。未能得到知音的帮助，是很遗憾的事。脱稿时未能与她共享欢乐，更令我十分惆怅。不管如何，她一生陪伴我走过58年，在我心中永远留着她的身影和音容笑貌。我一生的人生轨迹也留着她的脚印。因此，我在写作本书的时候，专辟出一篇关于妻子的文字，一方面是表达我们对她的怀念，另一方面也了却了她的遗愿。

2011年7月31日，我筹备了一桌酒席，摆了蛋糕，正好大女儿也从美国归来。但爱妻已病在意识模糊之中，女儿们不明白这是什么庆典日子。开席后，我宣布：“今天是我们的金婚日。可惜你们的妈妈在迷迷糊糊中度过。”我们原来约定要共度钻石婚，想不到金婚过后八个月她就走了。钻石婚落空了，她连我们共同奋斗一生的成书也未读到，多么遗憾！

为了表明故事情节的真实性，初稿都保留了人物的原名。付梓后作了一些修改，增加了一些内容，有些隐去真名，改用化名，尊重人家的隐私权。

在全书写完以后又觉得应该加个副书名“献给那些在苦难中成长的人们”，因为从苦难中走过来的人读来会有心灵上的感应，这也是一代人的时代印记吧！全书的中心思想始终贯穿着苦难、奋斗、欢乐六个字。先是苦难，经过奋斗，最后达到欢乐的境地。

本书只是对过去的一些经历作了简单梳理，洋洋洒洒一大篇，啰啰唆唆一大段，限于本人文学功底不足，好在是满腔真情流露，希与各位读者共勉。浪费读者宝贵的时间，非常抱歉！

以文会友情感真，读者诸君未谋面。
真情献上诗一首，权当你我心相连。
酸甜苦辣说个遍，但愿读者不弃嫌。
古往今来皆过客，人寰永存一片天。

林鸿谦
2016 年 10 月